高速公路改扩建工程安全管理与技术实践

尹文谦 李永永 宋双明 裘 嵩 等 编著

人民交通出版社

北京

内容提要

本书结合山西省晋阳高速公路改扩建工程特点,以工程实践的视角,介绍了高速公路改扩建工程安全管理要点与技术难点。本书共分6章:绪论,高速公路改扩建项目建设方案,施工安全基础管理,施工现场安全管理,改扩建交通组织设计与管理,新技术、新设备、新管理。

本书可供高速公路改扩建工程安全管理人员和技术人员参考使用,也可供相关专业院校师生参考。

图书在版编目(CIP)数据

高速公路改扩建工程安全管理与技术实践 / 尹文谦等编著. — 北京:人民交通出版社股份有限公司,2024.12. — ISBN 978-7-114-19644-7

Ⅰ. U418.8

中国国家版本馆CIP数据核字第20248Q9E24号

书　　　名:	高速公路改扩建工程安全管理与技术实践
著 作 者:	尹文谦　李永永　宋双明　裘　嵩　等
责任编辑:	刘　彤　李　沛
责任校对:	赵媛媛　刘　璇
责任印制:	刘高彤
出版发行:	人民交通出版社
地　　址:	(100011)北京市朝阳区安定门外外馆斜街3号
网　　址:	http://www.ccpcl.com.cn
销售电话:	(010)85285857
总 经 销:	人民交通出版社发行部
经　　销:	各地新华书店
印　　刷:	北京市密东印刷有限公司
开　　本:	787×1092　1/16
印　　张:	12.75
字　　数:	258千
版　　次:	2024年12月　第1版
印　　次:	2024年12月　第1次印刷
书　　号:	ISBN 978-7-114-19644-7
定　　价:	90.00元

(有印刷、装订质量问题的图书,由本社负责调换)

《高速公路改扩建工程安全管理与技术实践》
编委会

主　　编：尹文谦　李永永　宋双明　裘　嵩

副 主 编：王海东　李　波　王　敬　李旭华　李永胜　常晋伟
　　　　　李建军　李晓军

成　　员：陈保军　李　娜　胡震宇　李德锦　吕宏宇　班彦青
　　　　　李　飞　杨振兴　范晓震　李鹏飞　王麒竣　冯小东
　　　　　高海峰　刘志远　覃俊杰　梁　奇　梁　斌　毕红艳
　　　　　李　鑫　李晋山　韩　波　赵诚伟　贾　达　王晋轩
　　　　　林炜程　任海洲　王　超　武文广　朱秋杰

前言 PREFACE

改革开放以来,我国的经济不断发展,人民生活水平日益提高,交通出行需求越来越高。同时,我国汽车保有量逐年增加,交通拥堵问题日益凸显,高速公路服务水平亟待提高。为了在国家土地资源相对紧张的前提下提高高速公路通行能力,高速公路改扩建工程是当前高速公路发展的必然趋势。高速公路改扩建工程大多采用"边运营、边施工"的方式,采用该方式可在改扩建期间保障交通不中断,然而,这也给施工期间的交通和安全管理带来了挑战。

本书依托的晋阳高速公路改扩建工程是山西省第一条"四改八"高速公路,面临沿线地形地貌、地质条件、路基边坡、建(构)筑物、交通量等施工环境复杂敏感的约束条件,如果施工安全管理与技术不能动态调整以适应敏感的施工环境,就会严重影响施工进度或极大提高施工安全风险,甚至可能会造成交通中断或严重的运营安全事故。借鉴国内外经验,在工程实践的基础上,本书共分绪论、高速公路改扩建项目建设方案、施工安全基础管理、施工现场安全管理、改扩建交通组织设计与管理、新技术、新设备、新管理6章内容。

本书编写工作历时两年多,在编写过程中得到了山西省高速公路综合行政执法总队(山西省交通运输综合行政执法局)、山西省交通建设中心、山西路桥建设集团有限公司、山西省交通开发投资集团有限公司等单位的大力支持与帮助,在此表示衷心感谢。

由于编者水平有限,书中疏漏和错误之处在所难免,敬请读者批评指正。

作 者

2024 年 9 月

目录 CONTENTS

1 绪论 ······ 001
1.1 高速公路改扩建的发展必要性 ······ 002
1.2 高速公路改扩建的安全复杂性 ······ 009

2 高速公路改扩建项目建设方案 ······ 013
2.1 改扩建工程设计方案 ······ 014
2.2 改扩建工程施工方案 ······ 019
2.3 施工安全风险评估 ······ 023

3 施工安全基础管理 ······ 029
3.1 安全生产责任体系 ······ 030
3.2 安全风险管控体系 ······ 036
3.3 隐患排查治理体系 ······ 041
3.4 应急救援处置体系 ······ 052

3.5 安全生产保障体系 ·· 065

4 施工现场安全管理 　　　　　　　　　　　　　　　　　　　　　　　081

4.1 安全防护标准化 ·· 082
4.2 特种设备管理 ·· 109
4.3 危大工程管控 ·· 122
4.4 "两区三厂"和施工便道 ··· 129

5 改扩建交通组织设计与管理 　　　　　　　　　　　　　　　　　　　143

5.1 改扩建工程交通组织方式 ·· 144
5.2 交通导改的组织方案及措施 ·· 149
5.3 交通组织管理与协调 ··· 152
5.4 施工与运营交互影响行车风险分析 ·· 156

6 新技术、新设备、新管理 　　　　　　　　　　　　　　　　　　　　159

6.1 智慧监控与预警系统 ··· 160
6.2 涉路作业防闯入装备系统 ·· 168
6.3 机械化、自动化新设备 ··· 172
6.4 安全管理创新 ·· 183

附录1　公路工程施工安全相关的法律法规 ··························· 189
附录2　公路工程施工安全相关的技术标准与规范 ················ 190
附录3　危险性较大的工程清单表 ·· 192

参考文献 ··· 194

1

绪论

在改革开放初期,"要想富,先修路"的理念深入人心,公路事业迅速发展。随着交通量的增长以及人们出行需求的提高,我国开始大规模修建高速公路。21世纪以来,高速公路建设取得了长足进步,在全国交通网络中扮演着重要角色。然而,随着社会经济的高速发展和老百姓出行需求的不断提高,早期建设的许多高速公路由于当时经济条件和技术水平所限,其设计理念、技术标准和服务水平已经不能满足当前高速公路交通出行安全快捷的要求,"通而不畅"的现象时有发生。为了在国家土地资源相对紧张的前提下提高高速公路通行能力,高速公路改扩建工程项目的开展成为大势所趋。相对于改建公路来说,加宽旧路路基能充分利用原有路基,缩短建设周期,减少建设占地,更具有经济价值和实践价值,为众多地区所运用。

随着高速公路改扩建工作正在我国如火如荼地开展,高速公路改扩建工程施工期发生的生产安全事故也随之增多,事故的发生不仅给受害者家庭造成巨大的痛苦,也给企业的发展带来惨重损失,引起了全社会对安全问题的广泛关注和认真思考,因此,进行高速公路改扩建工程建设安全技术实践总结很有必要。

1.1 高速公路改扩建的发展必要性

1.1.1 高速公路发展历程

(1)公路的发展历程可以追溯到古代。在古代,人们主要依靠步行、骑马和马车等方式进行交通运输。随着社会的发展和技术的进步,人们对交通运输的需求越来越大,于是开始了对道路建设的探索。

(2)高速公路的发展可以追溯到20世纪。20世纪初期,汽车的出现引起了人们对道路建设的关注。为了适应汽车交通的需求,各国纷纷开始修建高速公路。第一条真正意义上的高速公路诞生于德国。

1932年,德国修建了一条连接波恩和科隆的高速公路。这条高速公路不仅成为德国经济发展的推动力量,也为其他国家提供了一个成功案例。随着时间的推移,越来越多的国家开始修建高速公路,并将其作为经济发展和交通便利化的重要标志之一。高速公路不仅缩短了城市之间和地区之间的距离,也提升了物流效率和经济竞争力。

在我国,高速公路建设始于20世纪80年代。1988年10月,我国首条高速公路沪嘉高速公路建成通车,预示着我国高速公路的发展正式拉开了序幕。1990年,沈大高速公路全线通车,成为当时中国大陆通车里程最长的高速公路,被誉为"神州第一路"。1993

年,我国首条通过世界银行贷款并进行国际招标的京津塘高速公路建成通车。之后我国高速公路步入了高速发展的阶段,到 2001 年年底,我国高速公路通车里程达到 1.9 万 km,跃居世界第二。到 2011 年年底,我国高速公路通车里程达 8.49 万 km,首次超越美国跃居世界第一。之后这个数据被不断刷新,我国高速公路通车里程始终稳居世界第一。

(3)由于我国前期建成的高速公路大多是双向四车道,随着社会的发展和交通量的快速增加,部分高速公路已经无法满足当前的交通需求,面对供求矛盾,主要采取在原有高速公路的基础上进行改扩建,来解决以上问题。

我国最早完成高速公路改扩建工程的是广佛高速公路,广佛高速公路改扩建工程自 1997 年 8 月开工,到 1999 年 10 月完工。紧接着,我国进行了多条高速公路改扩建工程的建设。我国主要高速公路改扩建工程见表 1-1。

我国主要高速公路改扩建工程　　　　表 1-1

序号	改扩建高速公路名称	里程(km)	改扩建后车道(条)	开工时间(年)	竣工时间(年)
1	广佛高速公路(广州—佛山)	15	8	1997	1999
2	石黄高速公路(石家庄—黄骅)	35	4	1999	2001
3	哈大高速公路(哈尔滨—大庆)	133	4	1999	2001
4	大齐高速公路(大庆—齐齐哈尔)	103	4	2000	2002
5	上杭高速公路(上海—杭州)	180	6	2001	2004
6	沈大高速公路(沈阳—大连)	348	8	2002	2004
7	哈方高速公路(哈尔滨—方正)	167	4	2002	2004
8	尚亚高速公路(尚志—亚布力)	77	4	2002	2004
9	上南高速公路(上海—南京)	230	8	2003	2005
10	叶信高速公路(叶集—信阳)	136	4	2003	2005
11	京港澳高速公路(安阳—新乡)	121	8	2008	2010
12	京港澳高速公路(郑州—漯河)	80	8	2008	2010
13	连霍高速公路(郑州—洛阳)	106	8	2008	2011
14	连霍高速公路(郑州—商丘)	257	8	2009	2012
15	连霍高速公路(洛阳—三门峡)	195	8	2009	2012
16	京港澳高速公路(漯河—驻马店)	67	8	2012	2015
17	京港澳高速公路(驻马店—信阳)	133	8	2012	2015
18	昌樟高速公路(南昌—樟树)	86.5	8	2012	2015
19	青银高速公路(宁东—银川)	71	8	2014	2016
20	扎倒高速公路(扎麻隆—倒淌河)	67	8	2015	2019
21	昌九高速公路(南昌—九江)	87.8	8	2016	2019
22	济青高速公路(济南—青岛)	309	8	2016	2019
23	中江高速公路(中山—江门)	40	8	2020	2024
24	晋阳高速公路(晋城—阳城)	42.632	8	2021	预计 2024

下面介绍部分高速公路改扩建工程的具体情况。

①广佛高速公路。

广佛高速公路是一条历史悠久的高速公路,于1986年开始施工,1989年8月正式通车。这条高速公路起点位于广州市横沙,终点位于佛山谢边,与佛开高速公路相连,全长15.7km,设计速度为120km/h,拥有双向四车道和26m宽的路基。

1997年8月,我国开始对广佛高速公路进行改扩建,这是国内首次进行的高速公路改扩建项目。改扩建采用了两侧直接拼宽的方式。从横沙到雅瑶段的车道数量由4增加到8,路基宽度达到41m;从雅瑶到谢边段增加到6车道,并将路基宽度扩展到33.5m。1999年10月,经过改扩建后的广佛高速公路正式通车。2007年,再次对广佛高速公路进行扩建,将雅瑶至谢边段的车道数量从6增加到8,并将路基宽度扩大至42m。整个改扩建过程中还新建了5处互通式立交,并对沿线交通工程设施进行了重建。

②沈大高速公路。

沈大高速公路全长375km,双向四车道,路基宽度为26m。沿途设有27处互通式立交和6个服务区。设计速度为100~120km/h。沈大高速公路于1990年建成通车后,交通量以年均11.8%的速度增长。到2000年,平均每天的交通量已经达到20613辆小客车,部分路段甚至达到了25903辆小客车。然而,由于路面、部分小桥和桥面系等的严重破损,出现了裂缝、车辙、龟裂和磨光等病害现象,这对行车安全产生了影响。此外,服务区的停车场规模、服务设施硬件条件、服务内容和服务水平都无法满足日益增长的交通量需求。

2000年开始,针对沈大高速公路扩建工程的研究就已经展开。设计单位对扩建形式进行了深入研究,并全面比选了两侧对称拼接方案和单侧拼接方案。最终采用两侧拼接为主、单侧分离为辅的扩建方案。2002年5月,该扩建工程正式启动,并对25处互通式立交进行了改扩建。直到2004年8月,改造工作全部完成。通过改扩建,沈大高速公路的视野更加开阔,线形也更加舒缓。

在沈大高速公路改扩建项目的建设过程中,采用了分阶段、分路段、全封闭施工的组织模式。此外,在施工过程中还对沿线交通工程设施进行了重建。这项工作开创了国内高速公路大规模扩建的先河,并为其他类似工程积累了宝贵的经验。

③沪宁高速公路。

沪宁高速公路全长274km,其中江苏段249km,上海段约25km。这条双向四车道的高速公路,每条车道宽3.75m,中央分隔带宽3m。外侧还设有2.5m宽的紧急停车带。整个路基宽度为26m。该高速公路于1996年9月建成通车,设计速度为120km/h。

沪宁高速公路改扩建工程于2003年11月全线开工建设,2006年6月28日全线交工验收。扩建后的规模将从四车道拓宽至八车道,并且利用老路两侧各自拼宽8.25m的方式进行改造。新建部分采用"13.5m+26m(老路)+13.5m"的断面结构。追求高质量的工程建设,同时避免盲目追求高指标。在技术指标合理利用和旧材料再利用方面取得了显著成果。改扩建后的沪宁高速公路车辆通行能力显著提高,车流更加顺畅、快捷。这不仅提升了行驶的安全性和舒适性,也成为长江三角洲经济腾飞的黄金通道。

④沪杭甬高速公路。

浙江省的第一条高速公路是沪杭甬高速公路,起点位于嘉兴,途经杭州和绍兴,最终抵达宁波。全长248km,设计速度为120km/h,最初是双向四车道。该高速公路的建设始于1991年,并于1996年全线通车。

为了满足日益增长的交通需求,对沪杭甬高速公路进行了拓宽工程。自2000年起,分段、分期进行扩建,主要采用"四拓八"的整体拼接形式。一期工程是杭甬红垦至沽渚段,全长44km,在2003年年底建成通车;二期工程是沪杭枫泾至大井段,全长95.612km,在2005年年底建成通车;三期工程是杭甬沽渚至宁波段,全长80.82km,在2007年12月6日建成通车。

沪杭甬高速公路的建设和扩建工程为浙江省内的交通发展作出了重要贡献。这条高速公路的完善进一步促进了浙江省内各城市之间的联系和地区经济的发展。

⑤晋阳高速公路。

晋阳高速公路于1996年5月1日破土动工,1997年12月25日全线建成通车。晋阳高速公路东起于晋城市主城区西南牛匠村,经晋城市泽州县、晋城市阳城县,以及周村、北留、润城三镇,西止于阳济公路岔口处,全长36.029km,设计为四车道,全程限速80km/h,隧道限速70km/h,部分路段限速60km/h,全封闭全立交。晋阳高速公路的建成有力地促进了晋城市与山西省东南部经济的发展,加快了山西省乃至全国现代化的步伐。

然而,晋阳高速公路交通量的持续剧增给晋城市的发展带来了不利影响,最终决定对晋阳高速公路进行改扩建。晋阳高速公路改扩建工程作为山西省第一条"四改八"的高速公路,路线全长约42.632km,采用单侧拼宽与双侧拼宽的方式进行,其中南村至北留段采用双重拼宽方式,北留至北音(阳翼枢纽)段采用双侧加宽方式。项目于2021年正式开工,预计2024年建成通车,建成后将显著缓解市内交通压力,为城市间、省际间提供快速、直达、安全、经济、舒适的运输通道,对促进晋城市乃至整个山西省的经济发展和旅游事业的发展,都将起到巨大的推动作用。

目前,我国已经修建了数量庞大、质量优良、覆盖范围广泛的高速公路网体系。据统计,截至 2023 年年底,我国高速公路总里程达 18.36 万 km。近年来,我国高速公路里程如图 1-1 所示。

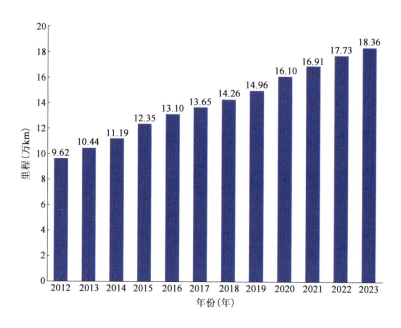

图 1-1　2012—2023 年我国高速公路里程

1.1.2　高速公路改扩建的特点

近年来,随着经济的飞速发展,大型车辆的载重量和数量不断增加,给高速公路交通带来了巨大的压力。高速公路交通量和交通荷载不断增加,原有的设计通行能力已无法满足日益增长的交通需求。特别是在高峰时段,道路服务水平明显降低,导致了频繁的堵车现象。这种情况极大地影响了道路交通的畅通,同时,也使得运输成本不断提高。由于道路拥堵问题未能得到有效解决,一定程度上阻碍了区域经济的发展。因此,迫切需要对现有高速公路进行改扩建来提升其服务水平。改扩建有两种方式可以选择,即新建复线和拓宽旧线。

新建复线是指在原有高速公路的基础上,再新建一条与之平行的道路,分担现有的交通量,以提高整个通道的通行能力。拓宽旧线则是在原有高速公路的基础上,进行车道数量增加和道路宽度扩展。

(1)我国大多选择拓宽旧线的方式来进行改扩建,主要原因有以下几点:

①拓宽旧线可以节省土地资源。相比于新建复线,拓宽旧线不需要额外占用太多土地,而是在原有基础上进行升级改造。这样一方面可以减少对农田和自然环境的破坏,另

一方面也能够节约大量的土地资源。

②拓宽旧线可以减少环境污染。新建复线需要开辟新的道路走廊,不仅会带来大量的土地破坏和植被砍伐,还会增加大量的施工噪声和尾气排放。而拓宽旧线则可以最大限度地利用原有道路设施和交通网络,减轻对环境的污染。

③拓宽旧线可以节省资金投入。相比于新建复线需要从零开始规划和建设整个道路系统,拓宽旧线只需要对原有道路进行改造和升级即可。这样,在资金投入上能够节省大量开支,并且缩短工期。

④拓宽旧线可以更好地满足交通需求。由于改扩建是在已有道路基础上进行的,在选择线路、规划车流等方面更具实际依据和经验数据支持。因此,在满足日益增长的交通需求情况下,能够更好地考虑到实际情况,并且更加灵活快捷地调整道路布局。

⑤拓宽旧线可以减少对居民生活的影响。新建复线往往需要征收大量房屋并迁移居民,给居民带来许多不便和困扰。而拓宽旧线只需要对少量房屋进行适当调整或者补偿即可,最大限度保障了居民的利益和生活质量。

⑥拓宽旧线还能够更好地保护历史文化遗产。对于一些具有历史意义的道路来说,新建复线可能会破坏原有的景观和文化遗产。而通过拓宽旧线,可以在保护历史文化遗产的同时,提升道路的通行能力。

综上所述,拓宽旧线是一个更具优势和可行性的改扩建方式。

(2)高速公路改扩建必要性体现在以下方面:

①缓解交通压力。

由于交通量的急剧增长,一些高速公路,尤其是位于东部沿海经济发达地区的主要高速公路,所承载的实际交通量已大大超过了建设初期的设计通行能力,造成一系列交通阻塞、交通事故等现象,甚至很多高速公路不堪重负。因此,亟须通过对原有道路进行适当扩建,使通行能力进一步提升,从而满足交通量急剧增长的需求。

②提高高速公路使用性能。

高速公路的使用性能受到车辆荷载和环境因素的影响,会导致运输成本的增加。例如,配件消耗、燃油浪费以及行驶时间延长都会带来额外的费用。此外,由于交通事故增多、道路损坏严重以及运输效率降低,整体情况变得更糟。通过对高速公路进行改扩建,可以显著提高其使用性能。这不仅有助于降低维护和使用费用,还能提升交通流畅度和安全性。因此,在维护和改进现有道路基础设施方面投入资源是非常必要的。

③促进当地经济的发展。

高速公路网体系是国防和经济基础设施中至关重要的因素,它在推动区域产业多元化和经济一体化发展方面发挥着强大的作用。通过构建一个快速高效的交通网络体系,可以改善地区间的道路交通条件,缩短空间距离,并刺激地区城市间的客货运输发展。这将促进人员和物资的流动,进而带动经济、科技和文化的迅速发展。

④减少"发展瓶颈"的出现。

由于经济的迅速发展和交通运输业的快速发展,一些主要高速公路的某些路段建成几年后就已经出现交通饱和的现象。还有一些重要高速公路运营时间已在10年以上,最初的设计通行能力已经无法满足当前巨大的交通量,以及经济和社会发展所带来的需求。因此,在保持适度新建工程规模和速度的同时,必须通过改扩建方式完善既有高速公路网体系功能,逐步加快改建和扩建工程的进度和规模,以减少"发展瓶颈"的出现。

⑤地方规划的需要。

考虑到地方规划的要求和充分利用通道资源的优势,进行高速公路的改扩建是当前解决问题的主要方式。这一举措不仅能为未来适应地方规划、开发旅游资源以及推动旅游事业发展提供必要的交通条件,还能为其他领域的发展奠定基础。因此,应将高速公路改扩建工作置于首要位置,并加大力度推进。通过这一举措,更好地满足人们对交通便利性和旅游体验的需求,促进地方经济的繁荣和社会的进步。

1.1.3　高速公路改扩建的发展趋势

近年来,随着经济的快速发展和交通需求的扩大,高速公路改扩建已成为当前公路建设的一项重要任务。这一趋势预计将在未来几年内持续增强。

首先,高速公路改扩建对于促进经济增长起到了积极作用。随着城市化进程的加快,人们的交通出行需求不断增长。通过改扩建高速公路,可以有效缓解交通拥堵问题,提升运输效率,促进货物流通和人员流动。这将有助于推动经济发展,提升地区竞争力。

其次,通过高速公路改扩建工程可以提高道路交通安全水平。现有的高速公路往往因为车流量大而存在安全隐患。通过对道路进行改造和扩建,可以提供更为宽敞和安全的行车环境,减小交通事故发生的可能性。

此外,通过高速公路改扩建工程可以提升城镇居民生活品质。随着城市化进程不断推进,人们对快捷、便利的交通方式有着更高的期望。通过增加道路容量和提升服务水平,可以缩短出行时间,并方便居民出行。这将使人们更加方便地享受到城市带来的各种资源和服务。

总之,在当前背景下,高速公路改扩建具有重要意义。它既能促进经济发展,也能提升交通安全水平和人民生活品质。因此,未来高速公路改扩建工程将会持续进行,并为社会带来更多机遇与福祉。

1.2 高速公路改扩建的安全复杂性

高速公路改扩建项目安全管理非常复杂,既要辩证考虑运营路段与新建路段的关系,又要辩证考虑建设路段安全与进度的关系,同时面临不良地质和特殊岩土条件、极端特殊天气条件、交通导改保通和复杂施工工艺等情况,项目建设过程中必须深刻认识安全问题的复杂性和艰巨性,不断夯实公路水运工程建设安全生产工作基础,全方位、全过程动态开展施工安全风险辨识管控和隐患排查治理工作,持续改善安全生产条件,推动工程建设领域安全生产治理模式向事前预防转型。

1.2.1 高速公路改扩建面临的安全问题

高速公路改扩建工程不同于新建高速公路,面临的安全风险点多、面广、时长,诸如采用"边通车、边施工"的方式进行改扩建的施工安全风险如何控制,夜间施工安全隐患,极端天气下改扩建施工安全风险,新旧建(构)筑物近距离施工安全风险评估(如下穿、拼接、涉路、爆破等),复杂地质条件下隧道施工安全步距控制,深基坑工程施工风险,建(构)筑物拆除等,同时,由于每条高速公路区域地质条件、运营状况等不同,可供参考借鉴的建设项目较少。如何保障改扩建项目安全如期完成建设任务,压力较大。高速公路改扩建工程需要面对的安全问题归纳如下:

(1)施工作业环境复杂

高速公路改扩建工程面临的复杂作业环境主要分为两大部分:①自然灾害方面,高速公路往往需穿山越岭、跨越江河,在施工作业中极易受到滑坡、泥石流的威胁,同时,一些恶劣的天气,如冬季、雨季也影响施工作业的顺利实施;②受到周边通行车流量的影响较大,改扩建工程实施期间,常出现公路一侧是施工现场,另一侧是车辆川流不息的现象,现场安全管理难度较大,容易引发安全事故。

(2)交通组织形式复杂

基于"保证一定通行能力"要求下的高速公路改扩建工程,多数采取"边通车、边施工"的作业方法,安全隐患多。由此,施工单位、路政、交(巡)警需联合做好交通组织与疏导工作,规范设置隔离设施,减少车流与施工现场的交叉,保证作业区的安全。

(3)施工作业点多、线长、面广

高速公路的线形特征使得改扩建工作多点、面开展成为可能,如路基、桥梁、涵洞、隧道等不同部位可同时作业,此种施工方法也会导致改扩建工程安全隐患点增多,相应的安全管理工作量大、难度大。

(4)施工周期长

高速公路改扩建工程一般都是在已建成通车的高速公路上进行,通常都需要较长的建设周期,所以在建设过程中不但会影响高速公路的正常通行,而且在改扩建施工时,大多采用半幅通行方法,使原路面变窄,再加上原路段车辆仍然保持高速行驶,容易造成较大的安全隐患。

(5)施工强度高

为保证高速公路的正常安全通行,高速公路改扩建施工项目一般都要求在不影响原有交通的基础上,尽可能缩短工期来完成繁重的工程任务,所以可能存在夜间施工,同时叠加冬季、雨季、极端气候施工,极易造成安全隐患。

1.2.2 高速公路改扩建安全管理措施

在高速公路改扩建项目建设中,为有效防范生产安全事故的发生,应积极科学制定可用、适用的系统化安全管理措施体系。具体的安全管理措施如下:

(1)日常安全措施

①加强安全管理规范化。建设单位要将"零死亡"作为工程项目安全管理基本目标,纳入招(投)标文件、合同、施工组织设计等文件。参建单位要完善工程建设安全管理制度及操作规程,严格执行危险性较大工程专项施工方案审批论证制度,加强施工安全内业资料管理,规范安全生产经费使用。施工单位要将专业分包单位和劳务分包队伍纳入管理体系统一管理,强化劳务用工人员实名制管理和安全培训,将安全管理作为加强施工班组规范化建设的主要内容。

②推动现场管理网格化。建设单位要完善工程项目安全生产管理体系,推行工程现场网格化安全管理模式,推动参建单位压实全员安全生产责任制。施工单位要将工程现场按照作业面分解为若干单元网格,明确单元网格管理员及岗位职责,配合现场施工负责人及专职安全管理人员落实重大事故隐患排查整治要求,发现安全问题,纠正违章行为。

③推进风险管控动态化。工程项目参建单位要健全风险管控责任体系,按要求开展

施工安全风险评估,制定落实风险分级管控工作制度,确定管控人员和措施。施工单位要强化风险动态管理,及时调整重大风险清单和管控措施。重点加强长大桥隧、高边坡、深基坑等的风险管控,加大工程实际地质与勘察设计不符的风险排查力度,对存在重大风险的工程部位、作业环节、周边环境应当加强风险监测预警,强化安全管理防控措施。

④推进工程防护标准化。施工单位要对安全防护设施进行定型化设计、规范化使用、精细化管理,提高防护设施的可靠性,规范设置现场防护设施,加强检查验收,及时做好维护,确保安全防护有效,所需费用按规定列入安全生产费用予以保障。在高墩塔柱临时作业平台、落差2m以上结构物边沿、深基坑、孔洞等重点部位应采用标准化防护设施。

(2)五大体系助力安全保障措施

树牢安全发展理念,坚持"安全第一、预防为主、综合治理"的方针,以建立健全安全发展长效机制为目标,以防范遏制重特大生产安全事故为重点,从健全落实安全责任、开展安全风险管控、强化隐患排查治理、提高应急救援能力和加强安全基础保障五个方面入手,全力构建安全生产管理"五大体系",使安全生产工作逐步走向科学化、专业化、规范化、标准化、系统化。

①着力构建安全生产责任体系:建立安全生产责任清单,制定工作规范,使安全工作"有章可循"。制定完善的责任追究、安全生产约谈、挂牌督办、"黑名单"等制度规范。开展安全生产标准化建设,加强安全标准化动态管理。

②着力构建安全风险管控体系:开展高速公路风险源辨识、评估工作,科学制定安全生产风险辨识程序、方法,实施分类管理,通过隔离、监测等手段进行有效管控。充分利用互联网技术,加强风险点在线监测,实现风险点信息化管控。

③着力构建隐患排查治理体系:研究制定高速公路建设、运营方面安全隐患辨识评估标准,开展安全隐患排查,强化隐患整改,分类分级加强事故隐患管理,开展高速公路危险路段的排查治理工程。

④着力构建应急救援处置体系:建立健全集团应急预案体系,加强实战化应急演练。建设应急指挥决策平台,建立突发事件信息报送机制,开展应急物资保障体系和专兼职应急队伍建设,提高先行处置能力。

⑤着力构建安全生产保障体系:健全安全生产管理机构,配备具有专业知识的专职安全管理人员。制定安全生产费用提取及使用管理办法,确保安全投入。

(3)数智化施工安全措施

随着科技的不断发展,数智化在各个领域都得到了广泛的应用,其中,公路工程建设行业也不例外。数智化施工的出现,使得传统的施工方式得到了补充与完善,为公路工程建设行业带来了更高效、更安全的施工环境。具体作用如下：

①施工计划和进度管理：通过先进的软件和技术精确规划施工进度，并进行实时监控和进度更新，有助于施工单位更好地安排资源、材料和人员，从而提高施工效率，降低安全风险。

②智能化设备、机械化施工：数智化施工通过引入各种智能设备和机械化施工工具，例如无人机、机器人和自动化设备等，对该类型设备进行实时监控、可视化操作。新型的操作模式和设备可以大大减轻人工操作和劳动强度，从而间接降低了施工安全风险。

③实时数据采集和监测系统：通过在施工现场布置各类型的传感器和监测设备，实时采集和监测施工现场的数据，然后将数据汇总到系统平台中处理并储存。经过处理的数据可以帮助工程师和管理人员及时了解施工状态，预测潜在危险并及时采取措施进行调整和优化，从而有效地避免安全事故的发生。

④资源管理和优化：利用现代化云计算和物联网技术，对施工现场的资源进行全面管理，并通过各类数据模拟计算最优的施工计划，通过数字化平台，实时掌握材料库存、设备状态和人员分配等信息，从而更好地管理和调度资源，使施工现场安全设施与工程实际需求相匹配，达到降低安全风险的要求。

⑤安全和风险管理：根据施工现场发生过的各类隐患问题建立风险隐患库，开发各种安全监测和风险管理系统，通过监测设备和智能算法对比隐患库，可以及时列出风险隐患并提前预警，更早地发现潜在的安全隐患和风险，警示采取措施进行控制，确保施工安全。

综上，高速公路改扩建工程建设过程面临各种安全风险，参建各方应当积极主动采取有效措施防范化解。只有确保改扩建工程施工过程安全和既有高速公路运营安全，才能真正实现高速公路改扩建工程的建设价值；只有确保高速公路改扩建工程的高水平安全，才能保障交通运输行业的高质量发展。

高速公路改扩建项目建设方案

2.1 改扩建工程设计方案

2.1.1 改扩建工程设计原则

(1)全面考虑交通运输需求:高速公路改扩建工程设计除了考虑当前的交通需求外,还要考虑未来的交通需求。设计时需要充分考虑通行流量、车型、车速等因素,以满足不同时间段内的交通运输需求。

(2)保障交通安全:高速公路改扩建工程设计既要充分考虑运营路段交通安全问题,又要考虑施工工程的涉路施工安全,如采用科学的立交、互通等形式和标准,减少运营路段与施工区域相互影响,考虑新旧路基不均匀沉降等,确保公路建设运营的全寿命安全。

(3)强化环保理念:高速公路改扩建工程设计应充分考虑环保问题,建议采用生态工程手段,采取环保措施,减少对生态环境的影响。

(4)降低资源浪费:高速公路改扩建工程设计应充分利用现有工程,降低工程造价。同时,因我国土地资源稀缺、人均可耕地数量有限,在设计时应考虑节约土地、减少征地拆迁数量。

2.1.2 改扩建工程设计技术措施

(1)行车道的设置:行车道是高速公路改扩建工程设计的重要组成部分,行车道的设计应充分考虑车辆通行流量、车型、车速等因素。采用不同类型的车道,以适应不同类型车辆的通行需求。

(2)立交和互通设计:高速公路改扩建工程在设计立交和互通时,应充分考虑交通效率和安全性。采用科学的互通形式,减少互通与其他车辆之间的冲突,确保公路交通运输的安全和顺畅。

(3)所用材料的选择:高速公路改扩建工程中使用的材料对于公路的质量和寿命有着重要的影响,采用抗压、抗剪、强度高、耐久性好的材料,以确保公路运输的稳定和安全。

2.1.3 设计方案的内容

(1)改扩建工程总体设计方案应包括以下几个方面:
①总体建设目标:道路状况、交通流量、安全水平等方面的改善目标。
②总体建设规模:道路宽度、路面等级、桥梁涵洞、交通安全设施等方面的规模。

③总体施工方案:施工组织、施工工艺、施工设备等方面的方案。

④环境保护方案:生态保护、水土保持、噪声污染等方面的方案。

(2)路线设计。

①路线线形设计应根据公路网规划和环境保护等因素,充分考虑沿线地质、地形、地物、桥位、隧道进出口等进行平、纵、横三方面综合设计。

②确定路线走廊带应考虑走廊带内各种运输体系及不同层次路网间的分工与配合,据以统筹规划、近远期结合、合理布局,充分发挥和提高公路总体综合效益。

③选线必须由面到带、由带到线,在对地形地貌、地质水文、气候气象、自然保护区等调查与勘察的基础上论证、确定路线方案。

④路线线位应考虑同农田与水利建设、城市规划的配合,尽可能避让不可移动文物、水源与自然保护区,保护环境且同当地景观相协调。

⑤总体设计应正确处理公路与相关路网、交通节点的关系,合理设置各类出入口、交叉和构造物。各类构造物的选型与布置应合理、实用、经济。

⑥路线设计应根据公路功能、技术等级和地形等条件,恰当选取设计速度,合理确定公路断面布置形式,正确运用各类技术指标,注意平纵线形组合、保持线形连续均衡,在确保行驶安全性的前提下,满足舒适、环保与经济等要求。

(3)路基路面。

①路基路面应根据公路功能、技术等级、交通量,结合沿线地形、地质及路用材料、气候等自然条件进行设计,保证其具有足够的强度、稳定性和耐久性。路面面层应满足平整和抗滑的要求。

②路基设计应考虑水和冰冻对路基性能的影响,设置完善的防排水系统或防冻害设施,以及必要的路基防护工程。取土、弃土应进行专门设计,防止水土流失堵塞河道和诱发路基病害;应进行路基表土综合利用方案设计,充分利用资源。

③路基设计宜避免高填深挖。应因地制宜,统筹考虑安全、环境、土地、经济等因素,选择合理的路基断面形式。

④路基设计应收集公路沿线气候、水文、地形地貌、地质、地震、筑路材料等资料,做好沿线地质、路基填料勘察试验工作,查明地层岩土性质、厚度、空间分布特征及有关物理力学参数。通过特殊地质和水文条件的路段,必须查明其规模及其对公路的危害程度,采取综合治理措施,增强公路防灾、抗灾能力。

⑤路基路面结构应遵循整体化设计原则。路基设计应根据可用填料、施工条件和当地成功经验,提出路基结构的设计要求与设计指标;路面结构设计应结合路基结构设计要

求与设计指标进行综合设计,以满足路面结构耐久性要求。

⑥改扩建项目的新建路面和原路面利用均应按现行标准进行设计,并应加强路基、路面的拼接设计;应对路面材料再生循环利用进行论证,充分利用废旧材料。

(4)桥涵部分。

①桥涵应根据公路功能、技术等级、通行能力及防灾减灾等要求,结合水文、地质、通航和环境等条件进行综合设计。

②桥涵应按照安全、耐久、适用、环保、经济和美观的原则,考虑因地制宜、就地取材、便于施工和养护等因素,进行全寿命设计。

③桥涵结构应按承载能力极限状态和正常使用极限状态进行设计。

④桥梁钢结构部分应根据需要进行抗疲劳设计并按相关规定进行设计阶段风险评估。

⑤桥涵应与自然环境和景观相协调。特殊大桥宜进行景观设计。

⑥桥涵的设置应结合农田基本建设考虑排灌的需要。

⑦特大桥、大桥桥位应选择河道顺直稳定、河床地质良好、河槽能通过大部分设计流量的河段,并应避开断层、岩溶、滑坡、泥石流等不良地质地带。在受条件限制而选取不利桥位时,必须采取防控措施并进行严格论证。

⑧桥面铺装应有完善的桥面防水、排水系统。对于分期修建的桥梁,应选择先期与后期易衔接的结构形式。

⑨桥涵应设置维修养护通道,特大桥和大桥应设置必要的养护设施。

(5)隧道部分。

①隧道应根据路网规划、公路功能需要,遵循安全、耐久、经济、节能、利于保护生态环境的原则,结合隧道所处地区的地形、地质、施工、运营、管理等条件进行设计。

②隧道选址必须对该区域的自然地理、场地与生态环境、工程地质、水文地质、气象、地震等进行勘察,取得完整勘察基础资料,经技术经济论证后确定。

③隧道高程和平面位置应根据公路等级、路线总体设计方案确定,选在地层稳定,利于设置洞口、洞口两端接线、防灾救援系统、管理养护等设施的地段。

④拟定路线总体设计方案应论证采用隧道或深路堑等不同方案给生态环境带来的影响。对生态环境脆弱的地带或可能因施工造成生态环境难以恢复的地段,应优先选择对环境影响小的方案,并辅以治理措施。

⑤隧道路面应具有足够的抗滑性能。洞内、外衔接路段路面设计抗滑性能应一致。

⑥隧道主体结构应按永久性建筑设计,具有规定的强度、稳定性和耐久性,满足使用

年限要求,方便养护和维修作业。

⑦隧道主体结构、路面、防排水等工程与通风、照明、交通监控、供配电消防等运营设施应进行综合设计。

⑧隧道设计应节约用地,尽可能保护原有植被,妥善处理弃渣和污水。

(6)路线交叉。

①路线交叉应根据相交公路的功能、技术等级、区域路网的现状和规划,以及交叉区域地形、地貌条件等合理设计。

②路线交叉的设计原则有多因素原则、系统性原则、一致性原则、连续性原则等。

③路线交叉设计应全面收集项目区域及工点有关社会资料、交通资料和自然条件资料等,并应满足相应设计阶段的深度和要求。

(7)交通工程及沿线设施。

①交通工程及沿线设施的建设规模与标准应根据公路网规划、公路的功能、等级、交通量、运营条件等综合论证确定。

②交通工程及沿线设施总体设计应符合公路总体设计的要求,相互匹配,协调统一,充分发挥公路的整体效益。

③交通工程及沿线设施应按照"保障安全、提供服务、利于管理"的原则进行设计。

④交通工程及沿线设施包括交通安全设施、服务设施和管理设施三种,各项设施应按统筹协调、总体设计的原则设置,并应结合交通量的增长与技术发展状况等逐步补充、完善。

⑤交通工程及沿线设施设计,应拟定发生特殊交通安全或紧急事件情况下的应急处理预案。

2.1.4 晋阳高速公路改扩建设计方案

路线起点位于泽州县冶头村东南,设泽州南枢纽与晋济高速公路及规划晋城东南环高速公路相接,经左匠村、小箕村、下庄村,与国道208交叉后下穿晋普山煤矿铁路专线,经晋城市兴方管业有限公司、西峪村,改造南村互通、新建南村枢纽一起构成组合式枢纽连接晋城环城高速公路,之后在既有高速公路南侧新建双向四车道,在峪口村北侧设框构下穿在建G342连接线一级路后以隧道形式穿越牛王山,于小上沟南侧半幅下穿既有晋阳高速公路,在李家山南并至既有晋阳高速公路,将李家山至北音段由双向四车道改造为双向八车道,扩建形式为李家山至北留镇沟西村段在既有晋阳高速公路北侧新建单向四车道分离路基,路基宽度20.25m,按设计速度80km/h的技术标准提升改造对应的既有高速公路段,共同构成双向八车道,北留镇沟西村至北音(阳翼枢纽)段两侧拼宽,路基宽度为40.5m。北音至润城段单侧加宽至25.5m。路线设计全长为42.632km,主要技术指标如表2-1所示。

晋阳高速公路改扩建项目主要技术指标　　表2-1

序号	指标名称	单位	指标值
1	设计速度	km/h	80
2	车道数	条	4、8
3	整体式路基宽度	m	25.5、40.5
4	分离式路基宽度	m	12.75、20.25
5	平曲线一般最小半径	m	400
6	平曲线极限最小半径	m	250
7	不设超高的平曲线最小半径	m	2500
8	平曲线最小长度(一般/最小)	m	400/140
9	缓和曲线最小长度	m	70
10	最大纵坡	%	5
11	最小坡长	m	200
12	凸形竖曲线最小半径(一般/极限)	m	4500/3000
13	凹形竖曲线最小半径(一般/极限)	m	3000/2000
14	竖曲线最小长度	m	70
15	停车视距	m	110
16	路基设计洪水频率	—	1/100
17	特大桥设计洪水频率	—	1/300
18	大、中、小桥及涵洞设计洪水频率	—	1/100
19	汽车荷载等级		公路—Ⅰ级

本项目新建和改扩建路段均采用80km/h的设计速度,四车道整体式路基为25.5m,分离式路基为12.75m;八车道整体式路基为40.5m,分离式路基为20.25m。路基宽度变化处均为分岔合流段,通过线形变化衔接。牛匠至李家山路段旧路设计速度60km/h,通过设置转换车道与设计速度80km/h的改扩建路段衔接,晋城至阳城方向由60km/h过渡为80km/h,位于下坡路段,阳城至晋城方向由80km/h过渡为60km/h,位于上坡路段,衔接过渡较为顺适。

根据公路建设项目安全生产要求规定,在晋阳高速公路改扩建项目初步设计阶段和施工图设计阶段应聘请专业咨询机构进行了安全性评价,设计单位根据安全评价报告中的意见逐条进行修改,实现项目建设本质安全管控。

2.2 改扩建工程施工方案

2.2.1 改扩建工程施工组织设计的主要内容

(1)编制说明。实施性施工组织设计的编制说明是对所编制的施工组织设计简略、概要的说明,其作用是使审批者和使用者能在很短的时间内迅速了解该施工组织设计的概貌。在说明中一般还应列出参与编制的人员名单。

(2)编制依据。主要包括以下内容:

①所涉及的国家和行业标准、规范和规程(包括编号)。

②与施工组织及管理工作有关的政策规定、环境保护条例、上级部门对施工的有关规定和工期要求等。

③相关文件,包括工程招标文件、工程投标书、工程设计文件和设计图纸、与业主签订的施工合同文件。

④企业质量管理体系、环境管理体系和职业健康安全管理体系文件。

⑤现场调查资料或报告,包括道路沿线的地形、地貌、土壤、地质、水文和气象条件;当地筑路材料、劳动力和能源的分布情况,对外交通运输;沿线村镇、居民点、厂矿企业以及其他工程建设的分布情况。

⑥各种定额及概预算资料,包括概算定额、施工定额、沿线地区性定额、预算单价、工程概预算编制依据等。

(3)工程概况。主要包括以下内容:

①工程项目的主要情况:工程性质、工程位置、工程规模、结构形式、技术标准、总工期、主要工程数量等。

②施工条件:地形地貌、气象、水文和地质等自然条件;资源供应情况、交通运输及水电等施工现场条件和技术经济条件。

③工程施工的特点和难点分析。

④合同特殊要求:如业主提供结构材料、指定分包商等。

(4)施工总体部署。

(5)主要工程项目的施工方案。在公路工程建设中,主要工程项目包括路基工程、路面工程、桥梁工程、涵洞工程、隧道工程、交通安全设施、绿化工程、临时用电、保通工程、危险性较大工程等。

(6)施工进度计划。

(7)各项资源需求计划。根据已确定的施工进度计划,编制各项资源需求及进场计划,主要有:

①劳动力需求计划。

②材料需求计划。

③施工机械设备需求计划。

④资金需求计划。

(8)施工总平面图设计。

(9)大型临时工程。

(10)主要分项工程施工工艺。

(11)季节性施工技术措施。工程在冬期和雨期施工时,都可能由于气候原因而造成施工技术中断。因此有必要制订季节性施工技术措施,以保证工程的质量、安全及施工连续性。对缺水、风沙、高原、严寒、台风、潮汐等特殊地区的施工,也要根据其特殊性有针对性地制订专门的技术组织保证措施。

(12)质量管理与质量控制的保证措施。

(13)安全管理与安全保证措施。

(14)项目职业健康安全管理措施。

(15)环境保护和节能减排的措施及文明施工。

(16)本工程需研究的关键技术课题及需进行总结的技术专题。

2.2.2 改扩建工程施工组织设计的编制程序

(1)一般工程项目施工组织设计的编制程序

①对工程项目设计图纸、合同、技术规范等进行分析研究,必要时进行相关资料的收集和调研。

②计算施工工程数量。

③选择施工方案,确定施工方法。

④编制工程进度计划。

⑤计算人工、材料、机具需要量,编制相关计划。

⑥确定临时工程,编制水、电、气、热供应计划。

⑦设计和布置施工平面图。

⑧确定技术措施计划与计算技术经济指标。

⑨确定施工组织管理机构。

⑩编制质量、安全、环保和文明施工措施计划。

⑪编写说明书。

(2)施工组织设计编制应注意的问题

为了使施工组织设计更好地起到组织和指导施工的作用,在编制施工组织设计时要注意以下几个问题:

①编制时必须对施工有关的技术经济条件进行广泛和充分的调查研究,收集各方面的原始资料,必须广泛地征求有关单位和群众的意见。主持编制的单位应先召开交底会,组织基层单位或分包单位参加,请建设单位、设计单位进行建设条件和设计交底;然后根据提供的条件和要求,广泛吸收技术人员的意见制订措施,在此基础上提出初稿,初稿完成后,还应讨论和审定。

②施工单位中标后,必须编制具有实际指导意义的标后施工组织设计。当建设工程实行总包和分包时,应由总包单位负责编制施工组织设计或者分阶段施工组织设计。分包单位在总包单位的总体部署下,负责编制分包工程的施工组织设计。施工组织设计应根据合同工期及有关的规定进行编制,并且一定要广泛征求各协作施工单位的意见。

③对结构复杂、施工难度大以及采用新工艺、新技术的工程项目,要进行专业性研究,必要时组织专门会议,邀请有经验的专业工程技术人员参加,确定解决问题的方案。

④在施工组织设计编制过程中,要充分发挥各职能部门的作用,充分利用施工企业的技术素质和管理素质,统筹安排,扬长避短,发挥施工企业的优势和水平,合理地进行工序设计和程序设计。

⑤竞标性施工组织设计,在编制过程中时刻要能反映业主对工程的要求,满足业主的愿望,这样在评标时才能得到好评。

⑥当施工组织设计的初稿完成后,要组织参加编制的人员及单位进行讨论、经逐项逐条地研究修改,最终形成正式文件,送主管部门审批。

2.2.3　施工方案的主要内容

施工方案是针对单位工程或分部分项工程,根据施工图纸、施工现场勘察调查收集的资料和信息、施工验收规范、质量检查验收标准、安全操作规程、施工机械性能手册等资料,按照科学、经济、合理的原则,确定的施工顺序和施工工艺与方法。

(1)施工方案的特点和要求

施工方案是施工组织设计的核心,是决定整个工程全局的关键,方案一经确定,工程施工的进程、工程资源的配置、工程质量与施工安全、工程成本等现场组织管理就被确定下来。施工组织的各个方面都与施工方案发生联系并受其影响。所以,施工方案的优劣,很大程度上决定了施工组织设计质量的好坏和施工任务能否圆满完成,它应具有以下特点和要求:

①技术超前:技术超前是对施工方案的基本要求,指结合现场施工超前考虑下步施工方案,提前做好施工准备,达到高产、稳产,避免因方案滞后导致履约压力的出现。

②切实可行:指施工方案要能从实际出发,符合现场需求,有较强的操作性。

③安全可靠:施工方案必须符合相关安全规程,有保证安全施工的技术措施。

④经济合理:施工方案应尽可能地采用降低施工费用的有效措施,挖掘管理潜力,控制施工成本。

⑤技术先进:指能有效地采用新技术、新工艺、新材料、新设备(简称"四新"技术),从而能提高工效、缩短工期、保证施工安全和质量。

(2)施工方案的编制

①编制原则:

a. 应遵守国家和地方政府的有关法律法规,符合国家现行的技术规范和标准。

b. 优先采用经过论证的"四新"技术。

c. 坚持"谁施工、谁编制、谁负责"的原则。

d. 主要施工方案在制订过程中要进行充分的方案比选,以保证施工方案的先进性、经济合理性。要特别重视结构计算、临时工程设计等工作。各种主要施工方案比选资料、结构计算、临时工程设计等资料应作为附件留存,上报审批时应同时报送。

②施工方案编制内容:

a. 编制依据:设计资料、相关规范和标准等。

b. 工程概况:结合专项施工技术涉及的地质条件、地理环境、交通、水电和施工交叉情况,着重介绍与专项施工技术方案有关的内容。

c. 工艺流程及操作要点、关键技术参数与技术措施等。确定工艺程序,编制详细的施工工艺流程图,写明各工序的工艺要点及详细的质量标准、检验方法和频率。

d. 施工技术方案设计图。设计图包括施工总体布置图,工程结构构件及临时设施安装图、移动路线图、关键构(部)件细部图、连接结构图、材料数量表、组装、连接要求,图纸说明。设计图纸要求:按照制图规范执行,内容全面,标注和说明清楚,能满足实施要求;设计图纸中要明确临时设施和安全防护设施;绘制、审核、批准均应书面签名。

e. 技术方案的主要有关计算书。包括编制依据:相关设计规范、设计手册、设计计算软件等,各工况受力计算分析及工况受力图。对于重大临时设施设计委托设计计算的,受托单位应具有相应资质,要有计算人、审核人签字,并加盖受托计算单位公章。要有计算结论、注意事项和建议。

f.安全、环保、质量保证、文物保护及文明施工措施。

g.预案措施:危险性较大的分部分项工程安全专项施工方案编制应符合相关法规的要求。

(3)施工方案的审批流程

①施工方案编制、审核和审批。

对于一般施工方案,应由施工单位或项目专业工程师编制,项目技术部门组织审核,由项目技术负责人审批;对于重大施工方案,应由项目技术负责人组织编制,施工单位技术管理部门组织审核,必要时组织相关专家进行论证,由施工单位技术负责人进行审批。

②方案会审的具体要点。

a.施工方案编制的依据是否符合要求。

b.施工方案是否符合有关法规要求。

c.审查施工方案中的计算书。

d.审查一些采用"四新"技术的内容。

e.施工方案中的资源需求情况。

f.审查各项管理目标是否符合总体要求。

③专家论证。

专家论证会应当由施工单位组织召开,实行施工总承包的,由施工总承包单位组织召开。

2.3 施工安全风险评估

2.3.1 施工安全风险评估

(1)高速公路路堑高边坡工程施工安全风险评估

根据《交通运输部关于发布高速公路路堑高边坡工程施工安全风险评估指南(试行)的通知》(交安监发〔2014〕266号)要求,施工项目应充分重视对老滑坡体、岩堆体、老错落体等不良地质体地段,膨胀土、高液限土、冻土、黄土等特殊岩土地段,以及居住区、地下管线分布区、高压塔等周边地段的施工安全风险评估。

①评估方法。

高速公路路堑高边坡工程施工安全风险评估划分为总体风险评估和专项风险评估两个阶段,一般采用专家调查评估法、指标体系法。

a.总体风险评估。以高速公路全线的路堑工程整体为评估对象,根据工程建设规模、地质条件、工程特点、施工环境、诱发因素、资料完整性等,评估全线路堑边坡施工安全风险,确定风险等级并提出控制措施建议。总体风险评估结论应作为编制路堑边坡工程施工组织设计的依据。

b.专项风险评估。在总体风险评估基础上,将风险等级达到高度风险(Ⅲ级)及以上的路堑段作为评估单元,以施工作业活动为评估对象,根据其施工安全风险特点及类似工程事故情况,进行风险辨识、分析、估测;并针对其中的重大风险源进行量化评估,提出具体的风险控制措施。专项风险评估可分为施工前专项评估和施工过程专项评估。专项风险评估结论应作为编制或完善专项施工方案的依据。

②总体风险评估应在项目开工前实施。专项风险评估应在路堑边坡分项工程开工前完成。施工中,经论证出现新的重大风险源,或发生生产安全事故(险情)等情况,应补充开展施工过程专项评估。

③评估组织与评估报告。

a.总体风险评估工作由建设单位负责组织,专项风险评估工作由施工单位负责组织。组织单位按照"谁组织谁负责"的原则对评估工作质量负责。

b.总体风险评估和施工前专项风险评估应分别形成评估报告,施工过程专项风险评估可简化形成评估报表。评估报告应反映风险评估过程的全部工作,报告内容应包括编制依据、工程概况、评估方法、评估步骤、评估内容、评估结论及对策建议等。

④实施要求。

a.项目总体风险评估的重大风险源应按规定报监理单位、建设单位、地方行业主管部门备案。

b.施工单位应根据风险评估结论,完善路堑高边坡工程施工组织设计和专项施工方案,分类制定相应的专项应急预案,对项目施工过程实施预警预控。对重大风险应建立日常巡查、监测预警、定期报告、销号等制度,并严格实施。对暂时无有效措施的Ⅳ级风险,应立即停工。

c.施工安全风险评估工作费用在项目安全生产费用中列支。

(2)公路桥梁和隧道工程施工安全风险评估

根据《关于开展公路桥梁和隧道工程施工安全风险评估试行工作的通知》(交质监发

〔2011〕217号)文件要求,公路桥梁和隧道工程应进行安全风险评估。

①评估范围。

a.桥梁工程。

(a)多跨或跨径大于40m的石拱桥,跨径大于或等于150m的钢筋混凝土拱桥,跨径大于或等于350m的钢箱拱桥、钢桁架、钢管混凝土拱桥。

(b)跨径大于或等于140m的梁式桥,跨径大于400m的斜拉桥,跨径大于1000m的悬索桥。

(c)墩高或净空大于100m的桥梁工程。

(d)采用新材料、新结构、新工艺、新技术的特大桥、大桥工程。

(e)特殊桥型或特殊结构桥梁的拆除或加固工程。

(f)施工环境复杂、施工工艺复杂的其他桥梁工程。

b.隧道工程。

(a)穿越高地应力区、岩溶发育区、区域地质构造、煤系地层、采空区等工程地质或水文地质条件复杂的隧道,黄土地区、水下或海底隧道工程。

(b)浅埋、偏压、大跨度、变化断面等结构受力复杂的隧道工程。

(c)长度3000m及以上的隧道工程,Ⅳ、Ⅴ级围岩连续长度超过50m或合计长度占隧道全长的30%及以上的隧道工程。

(d)连拱隧道和小净距隧道工程。

(e)采用新技术、新材料、新设备、新工艺的隧道工程。

(f)隧道改扩建工程。

(g)施工环境复杂、施工工艺复杂的其他隧道工程。

②评估方法。

施工安全风险评估分为总体风险评估和专项风险评估。

a.总体风险评估。桥梁或隧道工程开工前,根据桥梁或隧道工程的地质环境条件、建设规模、结构特点等孕险环境与致险因子,估测桥梁或隧道工程施工期间的整体安全风险大小,确定其静态条件下的安全风险等级。

b.专项风险评估。当桥梁或隧道工程总体风险评估等级达到Ⅲ级(高度风险)及以上时,将其中高风险的施工作业活动(或施工区段)作为评估对象,根据其作业风险特点以及类似工程事故情况,进行风险源普查,并针对其中的重大风险源进行量化估测,提出相应的风险控制措施。

c.评估方法应根据被评估项目的工程特点,选择相应的定性或定量的风险评估方法。

一般采用风险指标体系法、作业条件危险分析法等。

③评估步骤。

风险评估工作包括制定评估计划、选择评估方法、开展风险分析、进行风险估测、确定风险等级、提出措施建议、编制评估报告等方面。评估步骤一般为：

a.开展总体风险评估。根据设计阶段风险评估结果（若有），以及类似结构工程安全事故情况，用定性与定量相结合的方法初步分析本项目孕险环境与致险因子，估测施工中发生重大事故的可能性，确定项目总体风险等级。

b.确定专项风险评估范围。总体风险评估等级达到Ⅲ级（高度风险）及以上工程应进行专项风险评估。其他风险等级的可视情况开展专项风险评估。

c.开展专项风险评估。通过对施工作业活动（施工区段）中的风险源普查，在分析物的不安全状态、人的不安全行为的基础上，确定重大风险源和一般风险源。宜采用指标体系法等定量评估方法，对重大风险源发生事故的概率及损失进行分析，评估其发生重大事故的可能性与严重程度，对照相关风险等级标准，确定专项风险等级。

d.确定风险控制措施。根据风险接受准则的相关规定，对专项风险等级在Ⅲ级（高度风险）及以上的施工作业活动（施工区段），应明确重大风险源的监测、控制、预警措施以及应急预案。其他风险等级工程可根据工程实际情况，按照成本效益原则确定相应的风险控制措施。

④评估组织与评估报告。

a.施工安全风险评估工作原则上由项目施工单位具体负责。当被评估项目含多个合同段时，总体风险评估应由建设单位牵头组织、专项风险评估工作仍由合同施工单位具体实施。当施工单位的施工经验或能力不足时，可委托行业内安全评估机构承担相关风险评估工作。

b.评估工作负责人应当具有5年以上的工程管理经验，并有参与类似工程施工的经历。

c.风险评估工作应形成评估报告。评估报告应反映风险评估过程的主要工作。报告内容应包括评估依据、工程概况、评估方法、评估步骤、评估内容、评估结论及对策建议等。评估结论应当明确风险等级、可能发生事故的关键部位、区域或节点、事故可能性等级、规避或者降低风险的建议措施等内容。

⑤实施要求。

a.施工单位应根据风险评估结论，完善施工组织设计和危险性较大工程专项施工方案，制定相应的专项应急预案，对项目施工过程实施预警预控。专项风险等级在Ⅲ级（高

度风险)及以上的施工作业活动(施工区段)的风险控制,还应符合下列规定:

(a)重大风险源的监控与防治措施、应急预案经施工企业技术负责人和项目总监理工程师审批后,由建设单位组织论证或复评估。

(b)施工单位应建立重大风险源的监测及验收、日常巡查、定期报告等工作制度,并组织实施。

(c)施工项目经理或技术负责人在工程施工前应对施工人员进行安全技术教育与交底;施工现场应设立相应的危险告知牌。

(d)适时组织对典型重大风险源的应急救援演练。

(e)当专项风险等级为Ⅳ级(极高风险)且无法降低时,必须提高现场防护标准,落实应急处置措施,视情况开展第三方施工监测;未采取有效措施的,不得施工。

b. 公路桥梁和隧道工程施工安全风险评估应遵循动态管理的原则,当工程设计方案、施工方案、工程地质、水文地质、施工队伍等发生重大变化时,应重新进行风险评估。

c. 施工安全风险评估工作费用应在项目安全生产费用中列支。

(3)重大风险工程施工安全管理措施

根据《交通运输部关于发布高速公路路堑高边坡工程施工安全风险评估指南(试行)的通知》(交安监发〔2014〕266号)、《公路桥梁和隧道工程施工安全风险评估指南(试行)》《危险性较大的分部分项工程安全管理规定》(中华人民共和国住房和城乡建设部令第37号)等有关规定,对评估的重大风险应制定相应的对策措施。

2.3.2 涉路施工安全风险评估

(1)涉路施工安全风险评估的意义

①保障施工人员的安全:涉路施工往往需要在道路上进行,施工人员需要面对车辆、行人等多种交通要素的影响。通过安全风险评估,可以识别潜在的危险因素,并采取相应的措施,减少事故的发生,保障施工人员的安全。

②维护道路交通的畅通:道路施工不可避免地会对交通产生一定的影响,如果没有经过安全风险评估,施工过程中可能会出现交通堵塞、交通事故等问题,给交通带来诸多不便。通过对施工方案进行评估,可以有效减少对交通的影响,保障道路交通的畅通。

③减少施工过程中的纠纷:在涉路施工中,往往涉及多个相关方,如道路管理部门、施工单位、交通运输部门等。通过进行安全风险评估,可以明确各方责任,避免在施工过程中发生纠纷,保障各方的合法权益。

（2）涉路施工安全风险评估的具体内容

涉路施工对交通安全有很大的影响，因此对涉路施工进行安全风险评估是至关重要的。涉路施工的安全风险主要包括施工期间的交通事故风险、交通流干扰风险以及工程质量问题引发的安全隐患风险等。

①施工期间的交通事故风险。在施工期间，交通管理措施的不当实施、施工现场的临时设施不牢固等，都有可能导致交通事故的发生。因此，在施工前应该对施工现场进行全面的安全评估，确保交通安全措施的科学合理性，保证施工过程中能有效地减少交通事故的发生。

②交通流干扰风险。在施工期间，交通流的干扰会对周边道路的通行能力造成影响，可能导致交通拥堵和交通事故增加。因此，在进行安全风险评估时，需要对施工期间的交通流干扰情况进行详细的分析和评估，尽量采取措施减少交通流干扰。

③工程质量问题。如果涉路施工在设计、施工和验收过程中存在质量问题，可能会导致道路塌陷、路面裂缝等安全隐患的出现。因此，在安全风险评估过程中，需要对涉路施工的质量问题进行严格把关，确保工程质量符合相关标准和要求，减少安全风险的发生。

综上所述，涉路工程安全风险评估涉及施工期间的交通事故风险、交通流干扰风险以及工程质量问题引发的安全隐患风险等多个方面。只有通过全面的安全评估和科学的安全管理措施，才能有效地减少涉路工程安全风险的发生，保障公众和施工人员的生命安全。

（3）持续改进措施

①加强施工人员的培训与教育：施工人员应具备相关的安全知识和技能，能够正确使用施工设备，遵守交通规则，持续增强施工人员安全意识。

②定期进行安全检查：施工单位应定期对施工现场进行安全检查，及时发现和整改安全隐患，确保施工过程的安全。

③加强与相关部门的沟通与协调：施工单位应与公路运营管理单位、交通运输部门等建立良好的沟通与协调机制，定时召开会议，及时解决难点堵点问题，确保新建公路施工安全和运营公路安全畅通。

3

施工安全基础管理

基础管理是施工安全生产的保障,主要结合项目的建设规模、管理模式来建章立制,围绕"安全第一、预防为主、综合治理"的安全生产方针,全力构建安全生产管理体系,使安全生产工作逐步走向科学化、专业化、规范化、标准化、系统化。

3.1 安全生产责任体系

3.1.1 高速公路工程施工管理模式

高速公路工程施工管理模式是指在高速公路建设项目中,为了确保施工进度和质量,采取的一种管理方法。在这种模式下,有助于各个施工单位和相关部门之间密切合作,共同推动项目的顺利进行。

目前项目管理模式主要有七种,分别是:DBB模式(设计—招标—建造模式)、CM模式(建设—管理模式又称阶段发包方式)、DBM模式(设计—建造模式)、BOT模式(建造—运营—移交模式)、PMC模式(项目承包模式)、EPC模式(设计—采购—建造模式又称工程总承包模式)、partnering模式(合伙模式)。

不同的管理模式决定了不同的安全管理机制,需要根据具体情况来选择适合的管理模式,最常见的高速公路施工项目管理模式如图3-1所示。

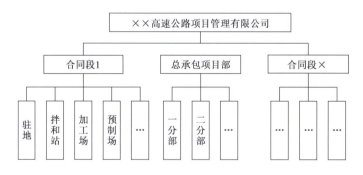

图3-1 高速公路施工项目管理模式图

3.1.2 安全生产管理机构及人员

《中华人民共和国安全生产法》第二十四条规定:"矿山、金属冶炼、建筑施工、运输单位和危险物品的生产、经营、储存、装卸单位,应当设置安全生产管理机构或者配备专职安全生产管理人员。"

为加强安全生产工作的领导,落实安全生产责任,在公路工程建设施工活动中,不同单位或机构应结合实际情况,依法设置安全生产管理组织机构。一般情况,在高速公路工程中建设单位的管理机构叫安委会,如图3-2所示;监理单位的管理机构叫监理单位安全生产领导小组,如图3-3所示;施工单位的管理机构叫施工单位安全生产领导小组,如图3-4所示。

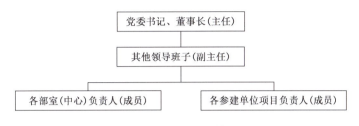

图3-2　安委会组织结构图

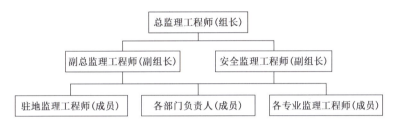

图3-3　监理单位安全生产领导小组组织结构图

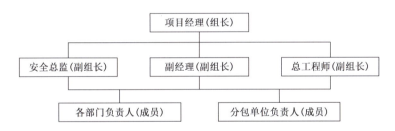

图3-4　施工单位安全生产领导小组组织结构图

安全生产管理人员是指在生产过程中负责安全管理的专业人员。主要包括生产经营单位分管安全生产的负责人、安全生产管理机构负责人及其管理人员,以及未设安全生产管理机构的生产经营单位专、兼职安全生产管理人员等。

依据《公路水运工程安全生产监督管理办法》(中华人民共和国交通运输部令2017年第25号)的规定,施工单位应当根据工程施工作业特点、安全风险以及施工组织难度,按照年度施工产值配备专职安全生产管理人员。年度施工产值不足5000万元,至少需要配备1名专职安全生产管理人员;年度施工产值在5000万元以上但不足2亿元,按照每增加5000万元增加1名专职安全生产管理人员的比例进行配备;年度施工产值超过2亿元,则至少需要配备5名专职安全生产管理人员,并且按照各自的专业进行配备。

安全生产管理机构以及安全生产管理人员的主要职责有：

(1)组织或者参与拟订本单位安全生产规章制度、操作规程和生产安全事故应急救援预案。

(2)组织或者参与本单位安全生产教育和培训，如实记录安全生产教育和培训情况。

(3)组织开展危险源辨识和评估，督促落实本单位重大危险源的安全管理措施。

(4)组织或者参与本单位应急救援演练。

(5)检查本单位的安全生产状况，及时排查生产安全事故隐患，提出改进安全生产管理的建议。

(6)制止和纠正违章指挥、强令冒险作业、违反操作规程的行为。

(7)督促落实本单位安全生产整改措施。

安全生产管理人员必须具备扎实的专业知识和丰富的实践经验。熟悉国家法律法规、标准和规范，了解行业最新的安全技术和管理方法。同时，还应具备良好的沟通能力和团队合作精神，能够有效地与员工进行沟通和协调。

安全生产管理人员是企业中不可或缺的角色。通过有效的组织、协调和监督工作，才能为企业创造一个安全稳定的环境，在保护员工利益的同时推动企业健康发展。

3.1.3 建立健全安全生产责任制

(1)工程项目安全生产责任

安全生产责任制是根据我国的安全生产方针"安全第一、预防为主、综合治理"和安全生产法规建立的各级领导、职能部门、工程技术人员、岗位操作人员在劳动生产过程中对安全生产层层负责的制度。它是改进安全状况的根本途径、基本方法和工作平台。工程项目参建单位应按照"建设单位主导、监理单位监督、施工单位负责"的原则，构建工程项目安全生产责任体系，如图 3-5 所示。

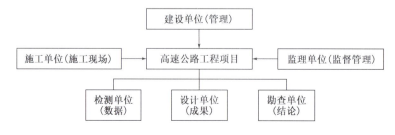

图 3-5　工程项目安全生产责任体系

(2)建设单位安全生产责任

建设单位对工程项目安全生产负管理责任。负责贯彻上级安全生产的方针和政策，严格落实"党政同责、一岗双责、齐抓共管、失职追责"的安全生产责任。

安全生产管理严格执行"管行业必须管安全，管业务必须管安全，管生产经营必须管安全""谁主管谁负责"的原则，坚持全员参与、全面覆盖和全过程管理的要求。

安全生产责任制是安全生产责任体系的重要载体。建立健全安全生产管理体制和工作机制，分级分岗建立安全生产责任清单，层层签订安全生产目标责任书，全方位压实安全生产责任。建设单位必须与监理、施工、勘察、设计、检测等单位每年签订一次安全生产责任书。在施工过程中，当责任人发生变更时，必须重新签订安全生产责任书。

建设单位应向施工单位提供施工现场及毗邻区域内供水、排水、供电、供气、供热、通信、广播电视等地下管线资料，气象和水文观测资料，相邻建筑物和构筑物、地下工程的有关资料，并保证资料的真实、准确、完整。

建设单位不得对勘察、设计、施工、工程监理等单位提出不符合建设工程安全生产法律法规和强制性标准规定的要求，不得压缩合同约定的工期。

建设单位在编制工程概算时，应当确定建设工程安全作业环境及安全施工措施所需费用。

建设单位不得明示或者暗示施工单位购买、租赁、使用不符合安全施工要求的安全防护用具、机械设备、施工机具及配件、消防设施和器材。

建设单位在申请领取施工许可证时，应当提供建设工程有关安全施工措施的资料。

建设单位应依法将工程项目发包给具有相应资质等级的施工单位。建设单位与勘察、设计、施工、监理、检测、监测等单位签订的合同中，应明确双方安全生产责任。

(3)监理单位安全生产责任

监理单位对工程项目负监督管理责任，承担着确保工程项目安全的重要责任。

监理单位应按照法律法规和工程建设强制性标准实施监理。全面分析工程项目的安全风险，并采取相应的措施来预防和应对潜在的危险。密切关注施工现场的安全状况，确保所有工作人员都严格遵守安全规章制度，并提供必要的培训和指导。

监理单位应审查施工合同约定的项目安全生产条件、施工组织设计中的安全技术措施、危险性较大的分部分项工程的专项施工方案，以及安全生产专项费用计提使用情况。未经监理单位审查签字认可，施工单位擅自施工的，监理单位应及时下达工程暂停令，施工单位拒不执行时，应及时将情况书面报告建设单位。

监理单位应按规定核查施工单位特种设备进场检验验收情况，组织施工安全检查，督促安全事故隐患排查治理,按季度做好"平安工地"考核评价工作。

监理单位在实施监理过程中,发现存在安全事故隐患的,应当要求施工单位整改;情况严重的,应当要求施工单位暂时停止施工,并及时报告建设单位。施工单位拒不整改或者不停止施工的,工程监理单位应当及时向有关主管部门报告。

(4)施工单位安全生产责任

施工单位对施工现场安全生产负主体责任,主要负责人应依法全面负责安全生产工作。项目负责人应由具备相应执业资格证书的人员担任,并经授权对相应的工程项目施工安全生产负责。

在实行施工总承包的工程项目中,总承包单位对施工现场安全生产负总责。总承包单位依法将建设工程分包给其他单位时,分包合同中应明确各方在安全生产方面的权利和义务。总承包单位和分包单位共同对分包工程的安全生产承担连带责任。

施工单位对列入建设工程概算的安全作业环境及安全施工措施所需费用,应当用于施工安全防护用具及设施的采购和更新、安全施工措施的落实、安全生产条件的改善,不得挪作他用。

施工单位应设立安全生产管理机构,配备专职安全生产管理人员。专职安全生产管理人员负责对安全生产进行现场监督检查。发现安全事故隐患,应当及时向项目负责人和安全生产管理机构报告;对违章指挥、违章操作的,应当立即制止。

施工单位在施工组织设计中应明确安全技术措施,危险性较大的分部分项工程还应编制专项施工方案,并附安全验算结果,经施工单位技术负责人、总监理工程师签字后实施,超过一定规模的危险性较大的分部分项工程,施工单位应组织专家对专项施工方案进行论证、评审。施工单位应按规定制订临时用电组织设计方案。

施工单位应在施工现场入口处、施工起重机械、临时用电设施、脚手架、出入通道口、楼梯口、电梯井口、孔洞口、桥梁口、隧道口、基坑边沿、爆破物及有害危险气体和液体存放处等危险部位,设置明显的安全警示标志。安全警示标志必须符合国家标准。

施工单位应将施工现场的办公、生活区与作业区分开设置,并保持安全距离;现场临时搭建的建筑物应符合安全使用要求,使用装配式活动房屋应具有产品合格证;施工单位不得在尚未竣工的建筑物内设置员工集体宿舍。职工的膳食、饮水、休息场所等应符合卫生标准。

施工单位对因建设工程施工可能造成损害的毗邻建筑物、构筑物和地下管线等,应当采取专项防护措施。在城市市区内的建设工程,施工单位应当对施工现场实行封闭围挡。

施工单位应在施工现场建立消防安全责任制度,确定消防安全责任人,制定用火、用电、使用易燃易爆材料等各项消防安全管理制度和操作规程,设置消防通道、消防水源,配备消防设施和灭火器材,并在施工现场入口处设置明显标志。

施工单位应向作业人员提供安全防护用具和安全防护服装,并书面告知危险岗位的操作规程和违章操作的危害。

施工单位采购、租赁的安全防护用具、机械设备、施工机具及配件,应具有生产(制造)许可证、产品合格证,并在进入施工现场前进行查验。

施工单位在使用施工起重机械和整体提升脚手架、模板等自升式架设设施前,应组织有关单位进行验收,也可以委托具有相应资质的检验检测机构进行验收;使用承租的机械设备和施工机具及配件的,由施工总承包单位、分包单位、出租单位和安装单位共同进行验收。验收合格的方可使用。

施工单位的主要负责人、项目负责人、专职安全生产管理人员应当经建设行政主管部门或者其他有关部门考核合格后方可任职。施工单位应当对管理人员和作业人员每年至少进行一次安全生产教育培训,其教育培训情况记入个人工作档案。安全生产教育培训考核不合格的人员,不得上岗。

施工单位应为施工现场从事危险作业的人员办理意外伤害保险。意外伤害保险费由施工单位支付。实行施工总承包的,由总承包单位支付意外伤害保险费。意外伤害保险期限自建设工程开工之日起至竣工验收合格止。

3.1.4 全员安全责任制

全员安全生产责任制是由企业根据安全生产法律法规和相关标准要求,在生产经营活动中,根据企业岗位的性质、特点和具体工作内容,明确所有层级、各类岗位从业人员的安全生产责任,通过加强教育培训、强化管理考核和严格奖惩等方式,建立起安全生产工作"层层负责、人人有责、各负其责"的工作体系。

企业主要负责人负责建立、健全企业的全员安全生产责任制。企业要按照《中华人民共和国安全生产法》《中华人民共和国职业病防治法》等法律法规规定,参照《企业安全生产标准化基本规范》(GB/T 33000—2016)和《企业安全生产责任体系五落实五到位规定》(安监总办〔2015〕27号)等有关要求,结合企业自身实际,明确从主要负责人到一线从业人员(含劳务派遣人员、实习学生等)的安全生产责任、责任范围和考核标准。安全生产责任制应覆盖本企业所有组织和岗位,其责任内容、范围、考核标准要简明扼要、清晰明确、便于操作、适时更新。企业一线从业人员的安全生产责任制,要力求通俗易懂。

在公路工程建设领域,建设单位和各参建单位应根据工作职责编制本单位全员安全生产责任制,并在适当位置对全员安全生产责任制进行长期公示。公示的内容主要包括所有层级、所有岗位的安全生产责任、安全生产责任范围、安全生产责任考核标准等。

单位主要负责人每年应对全员安全生产责任制落实情况进行监督考核。考核结果应当作为从业人员职级调整、收入分配等的重要依据。

3.2 安全风险管控体系

安全意味着没有危险,没有危险就意味着没有风险。然而,在安全生产领域,我们无法避免风险的存在,而这些风险可能导致事故的发生。根据海因里希法则,严重伤害、轻微伤害和无伤害的事故案例之间的比例大约是 1∶29∶300。这个比例表明,安全风险管控体系的建立对于保障安全生产至关重要。

安全风险管控体系是一个由企业自身建立、运行和监督的风险管理制度。该体系主要通过对危险因素的识别、评估和控制,来有效避免或者减少可能发生的危害事件,保障人员、设备和资产的安全。

3.2.1 风险管理

"风险"一词的起源可以追溯到古代渔民们的生活经验。这些以打鱼为生的渔民在每次出海前都会祈求神灵保佑他们平安归来,他们特别祈求的是出海时风平浪静、归程满载而归。通过长期的捕捞实践,渔民们深刻认识到风带来了无法预测和确定的危险。他们意识到,在出海捕鱼的生活中,风就意味着危险和不确定性,因此"风险"一词应运而生。这个词汇形象地传达了他们对风带来潜在危险的理解。

风险是指发生不幸事件的可能性。简而言之,风险是指某种特定危险事件(如事故或意外事件)发生的可能性以及其带来的后果。从定义中可以看出,风险是由两个因素共同作用组成的:一是危险发生的可能性,也就是危险概率;二是该危险事件发生后所带来的后果。

风险因素、风险事件、风险损失是构成风险的三个要素。风险因素是指导致某一危险事件发生或增加其发生概率、增加其损失程度的原因或条件。它是潜在的导致危险事件发生的原因,也是造成损失的直接或间接原因。风险事件是指造成损失的偶发事故。风险损失是指非故意的、非预期的、非计划的经济价值的减少。

风险因素、风险事件和风险损失相互依存、相互作用,风险因素引起风险事件发生或增加其发生的概率;风险事件的发生造成损失;损失的发生使风险因素和风险事件得以呈现或暴露,使风险最终形成。因此,加强风险管理才能降低日常安全生产中所面临的各种风险。

风险管理即风险预测、预警、预控,其范畴与要素如图3-6所示。

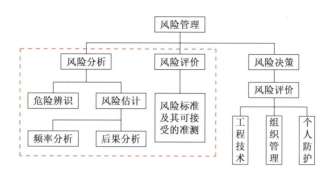

图 3-6　风险管理内容示意图

在安全生产过程中,任何风险都离不开人员、设备设施、环境及管理四个方面。根据这四个方面,安全生产风险管理也就有了针对性,结合专业知识和丰富的工作经验,可以更快速地辨识风险,并准确地评估其可能性,以便及早预防风险事件的发生。在公路工程建设方面,需要重点调查施工流程、操作规范、个人防护、设备设施和施工环境等方面的情况,以找出可能引发危害事件的各类危险因素。

为了确保安全生产,需要采取一系列措施来管理和减少风险。首先,在人员方面,应该提供必要的培训和教育,使员工具备识别和应对风险的能力。此外,还应建立健全的安全管理体系,明确责任和义务,并制定相应的安全规章制度。在设备设施方面,需要进行定期检查和维护,确保其正常运行并符合安全标准。同时,还需要关注施工环境的安全性,例如防止火灾、爆炸和化学泄漏等事故的发生。最后,在管理方面,应建立完善的风险评估和监测机制,并及时采取措施来预防和应对可能的风险事件。

保障安全生产需要所有人共同努力,从不同方面综合考虑风险,并采取相应措施来管理和减少风险。只有这样,才能确保施工现场的安全,从而有效避免事故的发生。

3.2.2　风险辨识评估

风险辨识评估是指对潜在风险进行全面的分析和评估的过程。通过这一过程,可以识别出可能会造成不利影响的各种风险,并采取相应的措施来防止或避免这些风险的发生。

根据《公路水路行业安全生产风险管理暂行办法》(交安监发〔2017〕60号)规定,从事公路水路行业生产经营活动的企事业单位(以下简称生产经营单位)是安全生产风险管理的实施主体,应依法依规建立健全安全生产风险管理工作制度,开展本单位管理范围内的风险辨识、评估等工作,落实重大风险登记、重大危险源报备和控制责任,防范和减少安全生产事故。公路水路行业安全生产风险管理工作应坚持"单位负责、行业监管、动态实施、科学管控"的原则。

(1)生产经营单位风险辨识应针对影响发生安全生产事故及其损失程度的致险因素进行,致险因素一般包含以下方面:

①从业人员安全意识、安全与应急技能、安全行为或状态。

②生产经营基础设施、运输工具、工作场所等设施设备的安全可靠性。

③影响安全生产外部要素的可知性和应对措施。

④安全生产的管理机构、工作机制及安全生产管理制度合规和完备性。

(2)生产经营单位安全生产风险辨识分为全面辨识和专项辨识。全面辨识应每年不少于1次,专项辨识应在生产经营环节或其要素发生重大变化或管理部门有特殊要求时及时开展。安全生产风险辨识结束后应形成风险清单。

生产经营单位重大风险等级评定、等级变更和销号,可委托第三方服务机构进行评估或成立评估组进行评估,出具评估结论。生产经营单位成立的评估组成员应包括生产经营单位负责人或安全管理部门负责人和相关业务部门负责人、2名以上相关专业领域具有一定从业经历的专业技术人员。

(3)风险辨识评估的步骤及内容

在进行风险辨识评估时,首先需要科学制定安全生产风险辨识程序、方法,明确所面临的主要风险类型,并对其进行分类。然后,通过收集相关数据和信息,对每一类风险进行详细的分析和评估,包括确定每个风险事件发生的可能性和影响程度,并根据其重要性对其进行优先排序。

为了更好地辨识和评估风险,可以采用多种方法和工具。例如,可以召开视频会议,邀请各方参与者提供他们认为可能存在的潜在风险。同时,利用危险性分析法对风险进行评估,下面是针对风险评估的具体介绍。

评估方法:针对不同行业选择适用的方法。

定量分析:定量与定性评估相结合,尽量采用定量分析法,包括作业条件危险性分析法(LEC法)、风险矩阵法(LS法)。

专业性强:充分发挥专业技术人员的作用。

紧扣遏制重特大事故,把事故可能造成的后果摆到突出位置,高度关注风险影响和覆盖人群。

LEC法也叫风险度评价法，是对具有潜在危险性作业环境中的危害因素进行半定量的安全评价方法，用于评价操作人员在具有潜在危险性环境中作业时的危险性和危害性。用与风险有关的三种因素指标值的乘积来评价操作人员伤亡风险大小，如式(3-1)所示。

$$D(危险性) = L \times E \times C \tag{3-1}$$

式中：L——事故发生的可能性；

E——人员暴露于危险环境中的频繁程度；

C——发生事故可能造成的后果。

根据三种风险因素的特性，为了方便评估，给三种风险因素赋了范围分数值，如表3-1所示。

风险因素范围分数值　　　　表3-1

事故或危险事件发生可能性分数值(L)		暴露于危险环境中的频率分数值(E)		发生事故可能造成的后果(C)	
分数值	事故或危险事件发生可能性	分数值	出现于危险环境的情况	分数值	可能结果
10	完全可能，会被预料到	10	连续暴露于潜在危险环境	100	10人以上死亡
6	相当可能	6	每天工作时间内暴露	40	3人以上9人以下死亡
3	可能，但不经常	3	每周一次或偶然的暴露	15	1人死亡
1	完全意外，可能性小	2	每月暴露一次	7	严重伤残（长期不能从事原岗位工作）
0.5	可以设想，不太可能	1	每年暴露几次	3	有伤残
0.2	极不可能	0.5	非常罕见的暴露	1	轻伤，需救护
0.1			实际上不可能		

人们根据经验评估，风险性分值在20以下被认为是低危险的，可以接受；危险性分值在20~70之间，被认为一般危险，需要注意；危险性分值在70~160之间，那就有显著危险性，需要及时整改；如果危险性分值在160~320，则就是一种必须立即采取措施进行整改的高度危险环境；如果危险性分值在320以上，表示环境非常危险，应立即停止生产直到环境得到改善为止。评估方法主要凭经验判断，难免会有局限性，具体应根据实际情况随时修正。危险性范围分数值可参考表3-2。

危险性范围分数值　　　　表3-2

级别	D值	危险程度	是否需要继续分析
一级	≥320	极度危险，不能继续作业	需进一步分析
	160~320	高度危险，需要立即整改	
二级	70~160	显著危险，需要整改	可进一步分析
三级	20~70	一般危险，需要注意	不需要进一步分析
	<20	稍有危险，可以接受	

在完成风险辨识评估后,需要根据评估结果制定相应的应对策略,包括确定适当的控制措施,以减轻或消除风险的影响。同时,还需要建立相应的监测和反馈机制,以便及时发现和应对新的风险。

3.2.3 风险分级管控

风险分级管控是指为了降低所面临的各种风险,制定并实施一系列的管理制度和规范,从而确保建设工程质量、安全、进度和经济效益的有效管理。

风险分级管控的基本原则:风险越大,管控级别越高;上级负责管控的风险,下级必须负责管控,并逐级落实具体措施。

(1)风险分级

风险分为重大风险、较大风险、一般风险和低风险 4 个等级;采用红、橙、黄、蓝四种颜色分别标示;推荐采用简单实用的风险判定矩阵;企业内部可实施更细更高的分级标准。LS 法,$R = L \times S$,其中,R 是危险性(也称风险度),它是事故发生的可能性与事件后果的结合;L 是事故发生的可能性;S 是事故后果严重性。R 值越大,说明该系统危险性大、风险大。风险等级判定可参考表 3-3。

风险等级判定　　表 3-3

可能性	严重程度			
	Ⅰ(灾难)	Ⅱ(严重)	Ⅲ(较重)	Ⅳ(较轻)
A	重大风险	重大风险	较大风险	一般风险
B	重大风险	重大风险	较大风险	一般风险
C	重大风险	较大风险	一般风险	低风险
D	较大风险	一般风险	一般风险	低风险
F	一般风险	一般风险	一般风险	低风险

四级风险等级简要描述:

①重大风险,安全状况特别严重。

②较大风险,受到事故严重威胁。

③一般风险,处于事故上升阶段。

④低风险,生产活动处于正常状态。

在公路工程建设中,各施工项目部必须依据风险类型和风险等级建立风险数据库,绘制项目红、橙、黄、蓝四色安全风险空间分布图。

(2)风险管控

①生产经营单位应依据风险的等级、性质等因素,科学制定管控措施,保障必要的投

入,将风险控制在可接受范围内。生产经营单位应针对本单位风险可能导致的安全生产事故,制定或完善应急措施。

②重大风险应单独建立清单和专项档案。

③生产经营单位应按下列要求加强重大风险管控:

a. 对重大风险制定动态监测计划,定期更新监测数据或状态每月不少于1次,并单独建档。

b. 重大风险应单独编制专项应急措施。

c. 重大风险确定后按年度组织专业技术人员对风险管控措施进行评估改进,年度评估报告应在次年1个月内通过交通运输安全生产风险管理系统向属地负有安全生产监督管理职责的交通运输管理部门报送。

④重大风险登记分为初次、定期和动态三种方式。

⑤在确定控制措施或考虑改变现行控制措施时,可考虑按如下顺序选择风险控制方法:

a. 消除。

b. 替代。

c. 工程控制措施。

d. 标志、警告或管理控制。

e. 个人防护设备。

3.3 隐患排查治理体系

隐患排查治理体系是指通过系统性的排查、辨识、评估、分级、治理和监控等措施,及时发现和处理各类事故隐患而建立的一套系统化的管理体系,包括隐患排查、隐患分类、隐患治理等环节,旨在保障人民的生命财产安全,维护社会的稳定。

3.3.1 基本定义

隐患,顾名思义是指那些隐藏的危险和风险。在安全生产中,事故隐患通常指那些可能导致人身伤害或经济损失的不安全因素,主要包括人员存在不安全行为、物体存在不安全状态、环境存在不确定因素以及管理上的缺陷。这些隐患需要高度重视和及时处理,以确保生产经营过程中的安全和稳定。

(1)事故隐患的特性如图3-7所示。

事故隐患
- 隐蔽性：暂时不会构成危害，不易察觉，一旦构成危害则转化为事故
- 潜伏性：从时间上具有一定的潜伏期，一时感觉不出它的存在
- 普遍性：安全生产过程中，隐患客观、绝对存在
- 危害性：隐患一旦触发成事故，就可能造成重大事故
- 因果性：一般情况，事故的发生都会有先兆
- 重复性：同样的事故可能会随时间的推移重复发生
- 规律性：某些隐患可以寻找规律，从而提前进行控制、预防
- 随机性：时间、地点、后果不确定
- 复杂性：多因素、多系统关联，一种隐患背后关联着多种隐患
- 季节性：某些隐患受季节的影响，随季节的变化而变化

图 3-7　事故隐患的特性

（2）在公路工程建设中，为了使人们能够及时发现和解决潜在的安全隐患，可以根据事故隐患的特性建立安全生产隐患清单。根据公路工程施工的特点，所有的施工隐患可分为内业隐患和外业隐患。内业隐患清单详见表 3-4；外业隐患清单详见表 3-5。

内业隐患清单　　　　　　　　　　　　　　　表 3-4

序号	类别	细目	隐患内容
1	基础管理	组织机构	未按要求设置安全生产管理机构或未配备专（兼）职安全生产管理人员
2		制度建设	未制定隐患排查制度
			未制定岗位操作规程
			未建立重大危险源管理责任制度
3		从业人员资格	特种作业人员未持有有效资格证书上岗，或证件与工作岗位不对应
4		安全生产责任制	未与全员签订安全生产目标责任书或承诺书
			未按照安全生产责任制落实或落实不到位
5		安全技术交底	未采用书面安全技术交底，未履行签字手续
			交底未做到分部分项，内容针对性不强
6		施工组织方案	未按方案组织实施，设计中未制定安全措施
			未制定安全专项方案或方案未经审核、审批
7		安全教育培训	未对从业人员按照规定计划完成培训
			未对应急预案开展相应安全培训
			针对新技术、新设备，未对从业人员进行专门的安全生产教育和培训
8		安全费用管理	安全生产费用管理不规范或安全生产费用未在成本中据实列支
			安全生产费用不足或挪用安全生产费用

续上表

序号	类别	细目	隐患内容
9	基础管理	隐患排查治理	未按制度开展隐患排查或排查不到位
			未及时治理排查的隐患
10		风险源管理	风险设施、场所未进行风险源辨识或未落实风险管控措施
			重大危险源的管理不规范
			未将风险告知从业人员
			未建立隐患排查工作台账
11		事故报告	发生安全事故未按规定报告（如迟报、漏报、谎报、瞒报）
			发生安全生产事故后，未进行有效处置
12		相关方管理	未对承包商安全资质和条件进行审查
			公司未建立承包商、供应商等安全管理制度
			未在合同中明确双方安全生产职责
			未对相关方人员进行安全教育培训
13	应急管理	组织机构	应急管理组织体系不健全、责任不明确
14		应急队伍	未建立应急救援队伍或未签订邻近救援队伍
			应急队伍业务培训不到位、实操不熟练
15		应急物资	应急救援物资配备不全
			应急救援器材、设备未维护保养
			应急物资库防火等级未达到要求，电线、照明未达到防火要求，未配置足量适合的灭火器
16		应急预案	应急预案内容不完善
			预案之间未进行衔接
			应急预案未进行改进
17		应急演练及处置	未按规定进行应急演练
			未对应急演练做评估总结
			未制定或定期修改应急处置方案
18	档案管理	记录与台账等	记录与台账不清晰、缺失、损坏

外业隐患清单　　　　　表3-5

序号	区域	类别	细目
1	施工现场（人、物、环境因素）	从业人员	持证上岗
			作业人员防护
			作业人员行为
2		机械设备	检测检验情况（含特种设备）
			维护保养情况
			停放情况
			防灭火措施

续上表

序号	区域	类别	细目
3		临时设施	选址位置
			排水设施
			防风措施
			防雷措施
			用电安全措施
			应急通道
4	施工现场（人、物、环境因素）	人车通道	便道便桥
			上下通道
			照明设施
			警示灯具
5		作业过程	临边临崖防护
			空洞口防护
			监控监测措施
			安全标志
6		作业环境	照明措施
			防风、防雨、防雪、防冻措施
			高温措施
			防雷措施

3.3.2 隐患排查

安全生产隐患排查是预防事故发生的重要手段。只有认识到事故隐患的特性才可以对症下药，通过全面细致地排查，发现和消除隐患，减少事故发生的可能性。安全生产隐患排查不仅可以保障员工的生命安全，还能保护企业的财产利益，维护社会的稳定和谐。

(1)安全生产隐患排查的目标及内容

安全生产隐患排查的目标是：落实工程项目安全生产主体责任和相关单位的安全管理责任，深入排查治理交通基础设施建设过程中的安全隐患，从而实现"两项达标""四项严禁""五项制度"的总目标。

①"两项达标"。

a.施工人员管理达标：一线人员用工登记、施工安全培训记录、安全技术交底记录、施工意外伤害责任保险等都要符合有关规定。

b.施工现场安全防护达标：施工现场安全防护设施和作业人员安全防护用品都要按照规定实行标准化管理。

②"四项严禁"。

a.严禁在泥石流区、滑坡体、洪水位下等危险区域设置施工驻地。

b.严禁违规进行挖孔桩作业,钻孔确有困难的不良地质区,设计单位要进行专项安全设计并按设计变更规定,经批准后实施。

c.严禁长大隧道无超前预报和监控量测措施施工。

d.严禁违规立体交叉作业。

③"五项制度"。

a.施工现场危险告知制度。按照《公路水运工程安全生产监督管理办法》(交通运输部令2017年第25号),施工单位应当建立健全安全生产技术分级交底制度,明确安全技术分级交底的原则、内容、方法及确认手续。

分项工程实施前,施工单位负责项目管理的技术人员应当按规定对有关安全施工的技术要求向施工作业班组、作业人员详细说明,并由双方签字确认。

在上述场所应设置明显安全警示标志,在无法封闭施工的工地,还应当悬挂当日施工现场危险告示,以告知路人和社会车辆。

b.施工安全监理制度。

c.专项施工方案审查制度。施工单位应当依据风险评估结论,对风险等级较高的分部分项工程编制专项施工方案,并附安全验算结果,经施工单位技术负责人签字后报监理工程师批准执行。必要时,施工单位应当组织专家对专项施工方案进行论证、审核。

d.设备进场验收登记制度。翻模、滑(爬)模等自升式架设设施,以及自行设计、组装或者改装的施工挂(吊)篮、移动模架等设施在投入使用前,施工单位应当组织有关单位进行验收,或者委托具有相应资质的检验检测机构进行验收。验收合格后方可使用。

e.安全生产费用保障制度。公路水运工程安全生产专项费用根据《企业安全生产费用提取和使用管理办法》(财资〔2022〕136号)规定,不得低于建筑安装工程造价的1.5%的比例计取,且不得作为竞争性报价。根据安全生产实际需要,可适当提高安全费用提取标准。

(2)排查时机

安全生产事故隐患排查一般采取日常安全生产检查、综合安全检查、专项安全检查等方式进行。

出现下列情况时,应及时进行事故隐患排查:

①与安全生产相关的法律法规、标准规范发生变更或公布新的法律法规、标准规范。

②组织机构发生大的调整。

③作业条件、设备设施、工艺技术改变。

④相关方进入、撤出。

⑤发生事故。

⑥重大自然灾害、极端天气、重大节假日、大型活动。

⑦其他应当进行专项安全隐患排查的情形。

(3)排查记录

对排查出的事故隐患应向责任单位下发隐患整改通知书,明确整改要求和时限。

对排查出的事故隐患应分类登记,重大事故隐患现场应悬挂醒目标示牌向社会公示,并报地方县级人民政府安全监督管理部门备案。

3.3.3 隐患分类

安全生产隐患分类是对存在的安全隐患进行分类和评估的过程。通过对隐患的分类,可以更好地了解和掌握各类隐患的危害程度,有针对性地采取相应的措施进行预防和控制。这不仅可以提高施工现场的安全性,还可以保证施工人员的身体健康,降低事故发生的概率,减少生产成本,提高生产效率。

(1)安全生产隐患分类的目的

①风险识别与评估:通过安全生产隐患分类,可以全面了解和识别潜在的安全风险,对各类隐患进行评估和排查,及时采取措施进行风险控制。

②预防和控制措施:根据隐患的分类,可以有针对性地制定相应的预防和控制措施,提高事故防范能力,减少事故发生的可能性。

③优化资源分配:通过对隐患的分类,可以将资源更加合理地分配到高风险区域,提高资源利用效率,保障生产过程的顺利进行。

(2)安全生产隐患分类的内容

《安全生产事故隐患排查治理暂行规定》(国家安全生产监督管理总局令2007年第16号)第三条规定:"事故隐患分为一般事故隐患和重大事故隐患。一般事故隐患,是指危害和整改难度较小,发现后能够立即整改排除的隐患。重大事故隐患,是指危害和整改难度较大,应当全部或者局部停产停业,并经过一定时间整改治理方能排除的隐患,或者因外部因素影响致使生产经营单位自身难以排除的隐患。"

除上述以外,可能造成重大人员伤亡和重大财产损失的事故隐患也应当确定为重大事故隐患。重大事故隐患见《公路工程重大事故隐患清单(行业基础版)》(表3-6)。

公路工程重大事故隐患清单(行业基础版) 表3-6

工程类别	施工环节	隐患编号	隐患内容	易引发事故类型	判定依据
工程管理	方案管理	GG-001	未按规定编制或未按程序审批危险性较大工程或新工艺、新工法的专项施工方案;超过一定规模的危险性较大工程的专项施工方案未组织专家论证、审查;未按审批的专项施工方案施工	坍塌等	JTG F90① 中的 3.0.2
辅助施工	工地建设	GF-001	施工驻地及场站设置在滑坡、塌方、泥石流、崩塌、落石、洪水、雪崩等危险区域	坍塌	JTG F90 中的 3.0.8、4.1.1、4.1.2、4.1.3、4.4
辅助施工	工地建设	GF-002	施工现场、生产区、生活区、办公区等防火或临时用电未按规范实施	火灾	
辅助施工	围堰施工	GF-003	未按设计或方案要求施工围堰;未定期开展围堰监测监控,工况发生变化时未及时采取措施	坍塌、淹溺	JTG F90 中的 5.8.22、8.7;JTG/T 3650② 中的 13.2.1、13.2.2、14.3.2、14.3.6;77号文件③
辅助施工	围堰施工	GF-004	碰撞、随意拆除、擅自削弱围堰内部支撑杆件或在其上堆放重物		
辅助施工	围堰施工	GF-005	土石围堰无防排水和防汛措施;钢围堰无防撞措施;侧壁随意驻泊施工船舶		
辅助施工	挂篮施工	GF-006	采用挂篮法施工未平衡浇筑;挂篮拼装后未预压、锚固不规范;混凝土强度未达到要求或恶劣天气移动挂篮	坍塌	JTG F90 中的 8.11.4;JTG/T 3650 中的 17.5.1、17.5.5
通用作业	模板作业	GT-001	未按规范或方案要求安装或拆除模板[包括翻模、爬(滑)模、移动模架等];各类模板使用的螺栓安装数量不足	坍塌	JTG F90 中的 5.2.13、5.2.14、8.9.4、8.9.5、8.11.2;JTG/T 3650 中的 5.3、5.5
通用作业	支架作业	GT-002	未处置支架基础;支架未按规范或方案要求搭设、预压、验收	坍塌	JTG F90 中的 5.2.1~5.2.7;JTG/T 3650 中的 5.4、5.5
通用作业	支架作业	GT-003	支架搭设使用无产品合格证、未经检验或检验不合格的管材、构件		
通用作业	特种设备设施作业	GT-004	使用未经检验或验收不合格的起重机械	起重伤害	JTG F90 中的 5.6.1、5.6.9、5.6.16、5.6.17
通用作业	特种设备设施作业	GT-005	未按规范或方案要求安装拆除桥式、臂架式或缆索式等起重机械		
通用作业	特种设备设施作业	GT-006	使用起重车、塔式起重机等起重机械吊运人员		

续上表

工程类别	施工环节	隐患编号	隐患内容	易引发事故类型	判定依据
路基工程	高边坡施工	GL-001	含岩堆、松散岩石或滑坡地段的高边坡开挖、排险、防护措施不足	坍塌	JTG F90 中的 6.8.1、6.8.2
	爆破施工	GL-002	未设置警戒区;爆破后未排险立即施工爆炸	爆炸	JTG F90 中的 5.10
桥梁工程	深基坑施工	GQ-001	深基坑施工防护措施不足	坍塌	JTG F90 中的 8.8.4
	墩柱施工	GQ-002	桥墩施工未搭设施工作业平台		JTG F90 中的 8.9.2
	梁板施工	GQ-003	梁板安装未采取防倾覆措施		JTG F90 中的 8.11.3
	拱桥施工	GQ-004	拱架支撑体系搭设、拆除不规范;拱圈施工工序、工艺或材料不符合规范		JTG F90 中的 8.12.2;JTG/T 3650 中的 19.2.2、19.2.3、19.3
隧道工程	洞口边、仰坡施工	GS-001	雨季、融雪季节边、仰坡施工排险、防护措施不足;边、仰坡开挖未施作排水系统	坍塌	JTG F90 中的 9.2.5;JTG/T 3660④ 中的 6.1.1、6.1.5、6.1.8、6.1.11;JTG/T F60⑤ 中的 5.1.3
		GS-002	含岩堆、松散岩石或滑坡地段的边坡开挖、排险、防护措施不足		JTG F90 中的 9.2.5;JTG/T 3660 中的 16.2、16.7;JTG/T F60 中的 15.7、15.8
		GS-003	雨季、融雪季节,浅埋或地表径流地段未开展地表监测		JTG F90 中的 9.2.8;JTG/T 3660 中的 18.2
		GS-004	未按规范或方案要求开展超前地质预报、监控量测		JTG F90 中的 9.17;JTG 3660 中的 18.1.6、18.1.7、18.1.10、18.2.7;JTG/T F60 中的 9.2、10.2;104 号文件⑥
	洞内施工	GS-005	开挖方法不符合设计或方案要求;开挖前未对掌子面及其临近的拱顶、拱腰围岩进行排险		JTG F90 中的 9.3;104 号文件
		GS-006	未按规范或方案要求初喷及支护;拱架、锚杆等材质不符合设计要求		JTG F90 中的 9.4~9.6;104 号文件
		GS-007	仰拱一次开挖长度不符合方案要求;Ⅲ级围岩仰拱距掌子面的距离大于90m;Ⅳ级围岩仰拱距掌子面的距离大于50m;Ⅴ级及以上围岩仰拱距掌子面的距离大于40m;仰拱拱架未闭合		JTG F90 中的 9.3.13;104 号文件

续上表

工程类别	施工环节	隐患编号	隐患内容	易引发事故类型	判定依据
隧道工程	洞内施工	GS-008	Ⅳ级围岩二衬距掌子面的距离大于90m，Ⅴ级及以上围岩二衬距掌子面的距离大于70m	坍塌	JTG F90中的9.11.10
	瓦斯隧道施工	GS-009	工区任意位置瓦斯浓度达到限值；瓦斯检测与防爆设施不符合方案要求	瓦斯爆炸	JTG F90中的9.11.8、9.11.10；JTG/T 3660中的16.5.6、16.5.8、16.5.9
	防火防爆	GS-010	隧道内土工布、防水板等易燃材料存在火灾隐患	火灾、爆炸	JTG F90中的9.1.17；104号文件
		GS-011	隧道内存放、加工、销毁民用爆炸物品；使用非专用车辆运输民用爆炸物品或人药混装运输		

注：①JTG F90指的是《公路工程施工安全技术规范》（JTG F90—2015）；
②JTG/T 3650指的是《公路桥涵施工技术规范》（JTG/T 3650—2020）；
③77号文件指的是《交通运输部办公厅转发重庆市交通委员会关于加强桥梁工程双壁钢围堰施工安全管理工作的通知》（交办安监〔2015〕77号）；
④JTG/T 3660指的是《公路隧道施工技术规范》（JTG/T 3660—2020）；
⑤JTG/T F60指的是《公路隧道施工技术细则》（JTG/T F60—2009）；
⑥104号文件指的是《国家安全监管总局交通运输部国务院国资委国家铁路局关于印发〈隧道施工安全九条规定〉的通知》（安监总管二〔2014〕104号）。

(3) 安全生产隐患分类的注意事项

①标准统一：应制定统一的隐患分类标准，确保评估结果的一致性和可比性。

②专业评估：隐患评估应由专业人员进行，具备相关的技术和经验，确保评估结果的准确性和可靠性。

3.3.4 隐患治理

隐患治理是指消除或控制隐患的活动或过程。《安全生产事故隐患排查治理暂行规定》（国家安全生产监督管理总局令2007年第16号）第十六条规定："生产经营单位在事故隐患治理过程中，应当采取相应的安全防范措施，防止事故发生。事故隐患排除前或者排除过程中无法保证安全的，应当从危险区域内撤出作业人员，并疏散可能危及的其他人员，设置警戒标志，暂时停产停业或者停止使用；对暂时难以停产或者停止使用的相关生产储存装置、设施、设备，应当加强维护和保养，防止事故发生。"

隐患治理工作应坚持"单位负责、行业监管、分级管理、社会监督"的原则。

(1)隐患治理措施

①工程技术措施:通过现场作业方式,确保设备设施、场所危险因素消失。

②管理措施:通过加强管理,确保原危险因素消失或消减,避免事故发生。

③教育措施:对隐患涉及者、制造者、责任人进行安全教育。

④防护措施:对于无法从根本上消除危险的隐患,对接触者采取劳动防护手段,确保危险程度降低。

⑤验收措施:安全事故隐患治理情况应按期验收,验收合格后方可销项;验收情况应形成文字记录。

(2)安全生产隐患排查治理职责

项目施工单位是隐患排查治理的责任主体,应建立相应的工作机制,并层层落实责任人。项目施工单位的主要负责人对隐患排查治理工作全面负责。

项目施工单位应定期组织开展安全生产隐患排查。公路工程中的深基坑、高支模、长大隧道或地质不良隧道、大型起重吊装作业以及爆破作业等技术难度大、风险高、参与人员多的施工环节应实施动态排查。对确认存在重大隐患的,在施工现场应设立风险告知牌,并对一线作业人员进行风险告知。重大隐患经项目监理单位确认后应向项目建设单位备案。项目监理、建设单位应及时主动向具有项目管辖权的交通运输主管部门报告。

施工单位法定代表人、项目经理是安全生产事故隐患排查治理的第一责任人,对管理范围内安全生产事故隐患排查治理工作全面负责,并履行下列职责:

①制订安全生产事故隐患排查治理规章制度。

②全面组织安全生产事故隐患排查。

③保障安全生产事故隐患排查治理的资金投入。

④对排查出的安全生产事故隐患按照事故隐患等级分类登记,建立安全生产事故隐患排查治理台账,并按照职责分工实施监控治理。

⑤建立安全生产事故隐患报告和举报奖励制度。

⑥检查、督促及时消除安全生产事故隐患。

(3)事故隐患整改

一般事故隐患由项目负责人组织相关人员立即整改。

重大事故隐患应当根据需要停止使用相关设备、设施,局部停产停业或者全部停产停业。

重大事故隐患必须由项目负责人组织编制"重大事故隐患治理方案"。治理方案应当包括以下内容:

①治理的目标和任务。

②采取的方法和措施。

③经费和物资的落实。

④负责治理的机构和人员。

⑤治理的时限和要求。

⑥安全措施和应急预案。

必要时应当组织专家对重大事故隐患整改治理方案进行论证,必须经项目负责人批准并进行安全技术交底后实施。

项目专职安全员对重大事故隐患治理过程实施全过程监督管理,必要时施工单位安全部门或技术质量部门或设备管理部门派人对重大事故隐患治理过程加强监督管理。

（4）验收与评估

重大事故隐患治理完成后,应当组织相关技术人员或者专家或者具有相应资质的专业机构进行验收。验收人员应当对以下重大事故隐患治理完成情况进行验收,并出具结论性意见:

①与隐患整改治理方案的符合性。

②整改过程记录(文字、图片及录像)的真实性。

③是否产生新的隐患及等级。

结论性意见应明确隐患是否消除或是否已降为可接受。

3.3.5 安全生产事故

安全生产是指在社会生产活动中,通过协调人、机、物料、环境及方法的运作,确保生产过程中各种潜在风险得到有效控制,从而切实保护劳动者的生命安全和身体健康。

生产安全事故是指生产经营中风险管控失效、事故隐患叠加、作用,造成人员伤亡、财产损失、环境破坏,致使生产经营暂时或永久中断的意外事件。

事故的发生离不开风险和隐患。事故、隐患、风险之间的关系如图3-8所示。

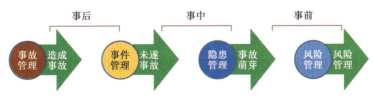

图3-8　事故、隐患、风险之间的关系

无论何种事物都存在着固有的风险,这是它们的基本属性之一。即使采取了恰当的安全措施,风险仍然存在。然而,当安全措施不到位或缺乏安全风险防护措施时,风险就会转化为潜在的隐患,并可能引发安全事故。

从本质上来说,风险是普遍存在的,并不针对特定对象。它是一种假设或假想的状态或现象。而隐患则具有特定性,在具体的人、物或环境中隐藏或体现出来,并且是真实存在的状态。从生产安全管理的角度来看,风险管理是预防事故发生的基本原则,并且是一种管理理念,而隐患管理则是一种工作方法。

隐患管理主要内容:①完善隐患排查治理体系建设,建立自查、自改、自报事故隐患的信息管理系统。②建立健全事故隐患闭环工作机制,实现隐患排查、登记、治理、报告、销账等持续改进的闭环管理。③从排查发现隐患、制定整改方案、落实整改措施、验证整改效果等环节实现有效闭合管理。④建立完善事故隐患登记报告制、事故隐患整改公示制、重大事故隐患督办制等工作制度,使隐患从发现到整改完毕都处在监督管理下,使排查治理工作成为一个"闭合线路"。对查出的隐患做到责任、措施、资金、时限和预案"五落实",对重大事故隐患严格落实"分级负责、领导督办、跟踪问效、治理销号"制度。

根据国务院安委会办公室《标本兼治遏制重特大事故工作指南》(安委办〔2016〕3号)要求:"把安全风险管控挺在隐患前面,把隐患排查治理挺在事故前面,扎实构建事故应急救援最后一道防线。"以风险辨识和管控为基础,从源头上辨识风险、分级管控风险,把风险控制在隐患形成之前。以隐患排查和治理为手段,排查风险管控过程中出现的缺失、漏洞和风控失效环节,把隐患消灭在事故发生之前。只有避免安全生产事故的发生,才能确保安全生产有效投入,保障人民的生命和财产安全。

3.4 应急救援处置体系

应急救援处置体系是指针对突发事件、灾害事故等紧急情况而建立的一套组织机制和行动措施。它是保障社会安全、保护人民生命财产安全的重要组成部分,也是国家治理体系和治理能力现代化的重要体现。应急救援处置体系的建立旨在提高灾害应对能力和救援效率,最大限度地减少灾害损失,保障人民的生命安全和财产安全。

根据《中华人民共和国安全生产法》《公路水运工程安全生产监督管理办法》(交通运输部令2017年第25号)、《生产经营单位生产安全事故应急预案编制导则》(GB/T 29639—2020)《公路水运工程项目生产安全事故应急预案编制要求》(JT/T 1405—2022)和《生产安全事故应急预案管理办法》(应急管理部令第2号)等有关法律法规、标准规范的规定,公路工程施工单位应当制定生产安全事故综合应急预案、专项应急预案和现场处置方案,告知相关人员紧急避险措施,并定期组织演练。

3.4.1 应急预案

应急预案是指针对可能发生的生产安全事故,为最大限度减少事故损害而预先制定的应急准备工作方案。应急预案应形成体系,针对各级各类可能发生的事故和所有危险源制定专项应急预案和现场处置方案,并明确事前、事中、事后各个过程中相关部门和有关人员的职责。

(1)应急预案的重要性

①保护人员生命安全:应急预案可以确保在紧急情况下采取适当的行动,最大限度地减少人员伤亡。

②减少财产损失:生产安全事故发生后,通过执行应急预案计划,及时采取有效措施,从而减少财产损失。

③企业运营的持续性:一个完善的应急预案可以帮助企业在灾难发生后尽快恢复正常运营,减少停工时间和损失。

(2)应急预案的管理程序

依据《生产安全事故应急预案管理办法》(应急管理部令第2号),对于公路工程建设项目,安全生产事故应急预案管理程序主要包括编制、评审、公布、备案、实施等程序,其完整流程如图3-9所示。

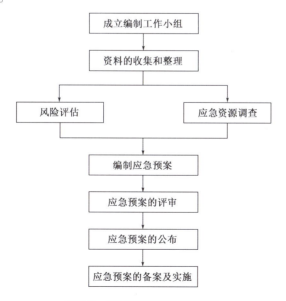

图3-9 应急预案管理程序流程图

(3)应急预案的编制步骤

①应急预案的编制。

编制单位应结合工程项目的实际情况,依据《生产安全事故应急条例》(中华人民共和国国务院令第 708 号)和《生产经营单位生产安全事故应急预案编制导则》(GB/T 29639—2020)、《公路水运工程项目生产安全事故应急预案编制要求》(JT/T 1405—2022)等法规和标准规范开展应急预案编制工作。

②应急预案的评审。

a. 应急预案编制单位应根据工程实际情况,组织开展应急预案评审。评审可邀请工程技术、安全生产、应急管理等有关专家参加。

b. 应急预案评审时应考虑应急预案基本要素的完整性,组织体系的科学性、应急预案间的衔接性、响应程序的可操作性、主要事故风险分析的合理性、应急资源配置的全面性、应急措施的针对性、应急预案管理要求符合性等内容。

c. 应急预案评审的目的、依据、形式、内容、程序等除应符合《生产经营单位生产安全事故应急预案评估指南》(AQ/T 9011—2019)的要求外,还应符合《生产经营单位生产安全事故应急预案编制导则》(GB/T 29639—2020)中 4.8 的相关要求。

③应急预案的公布。

应急预案评审通过后,应由编制单位主要负责人签发实施,以正式文件向项目或合同段全体人员公开发布。

(4)应急预案的主要内容

应急预案可分为 3 个层次:综合应急预案、专项应急预案、现场处置方案。三者之间关系如图 3-10 所示。

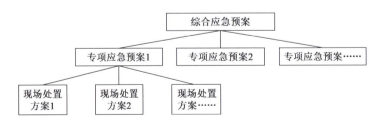

图 3-10 应急预案体系关系图

在公路工程建设领域,建设单位应组织项目参建单位,根据项目组织管理体系、建设规模和风险特点等科学合理确定公路工程项目应急预案体系。该体系由项目综合应急预案、合同段施工专项应急预案与现场处置方案组成。

对危险性较大工程与《公路水运工程施工安全风险评估指南 第 1 部分:总体要求》

（JT/T 1375.1—2022）确定的风险等级较大及以上作业活动,应组织编制合同段施工专项应急预案与现场处置方案。对风险等级较小及以下作业活动的合同段,可只编制现场处置方案。

在合同段施工专项应急预案或现场处置方案的基础上,施工单位宜针对工作岗位特点编制应急处置卡。

项目综合应急预案、合同段施工专项应急预案和现场处置方案之间应相互衔接,项目综合应急预案还应与本单位的上级部门、项目属地负有安全生产监督管理职责的交通运输管理部门和应急管理部门等相关单位的应急预案相衔接,合同段施工专项应急预案应与本企业的应急预案相衔接。

①综合应急预案。

综合应急预案是应急预案体系的总纲,是对各类安全生产事故的综合性工作方案。在公路工程建设领域,综合应急预案又称项目综合应急预案。

项目综合应急预案是建设单位为应对项目可能发生的各种生产安全事故而制定的总体工作方案,应从总体上阐述项目应急领导机构、预警预防、应急联动、现场救援、应急资源调配等要求。

项目综合应急预案由建设单位负责人组织相关人员进行编写,并报上级部门、项目属地负有安全生产监督管理职责的交通运输管理部门和应急管理部门等相关单位进行备案。

项目综合应急预案编制目录:总则,风险事件描述,应急组织机构,预警信息,事故报告,应急响应,善后处置,应急保障,应急预案管理,附件。

项目综合应急预案具体内容如下:

a.总则:编制依据,适用范围,应急预案体系。

b.风险事件描述:根据工程项目施工安全风险分析结果,描述项目施工过程中可能发生的风险事件。

c.应急组织机构:明确工程项目应急组织机构的组织形式、构成部门及相关人员,并明确构成部门及相关人员的主要职责。根据工程应急工作需要,应急组织机构可根据综合协调、技术支持、工程抢险、善后处置等设置相应的工作组,并明确各工作组的组成人员、主要职责,以及所采取的具体措施。

d.预警信息:简述工程项目的监测预警机制,明确预警信息的来源、发布的责任部门与职责、发布的对象与方式等。简述工程项目预警信息的收集方式、接收反馈要求与防控措施,明确预警解除(终止)的条件。

e.事故报告:明确生产安全事故信息上报的对象、程序、方式及时限,并明确需要越级上报的条件、程序。

f.应急响应:响应分级,响应启动,处置措施,响应终止。

g.善后处置:明确受伤人员救治措施、被困人员家属接待安置措施及遇难人员善后工作措施,污染物处理,事故后果影响消除和施工恢复措施,善后赔偿措施,事故调查和应急处置工作总结评估。

h.应急保障:通信信息保障,应急队伍保障,物资装备保障,经费保障,其他保障。

i.应急预案管理:应急预案培训,应急演练,应急预案修订,应急预案备案。

j.附件:包括但不限于内部应急机构、人员通讯录,外部协作单位的联系方式,应急资源的清单与分布图,现场疏散路线、救援队伍行动路线等关键的路线,现场集结点、警戒范围与重要地点等标识,附近交通图、医院地理位置图和路线图等图纸,与相关应急救援部门签订的应急救援协议或备忘录(如有)。

②专项应急预案。

专项应急预案是针对具体的事故类别(如煤矿瓦斯爆炸、危险化学品泄漏等事故)、危险源和应急保障而制定的计划或方案,是综合应急预案的组成部分,应按照应急预案的程序和要求组织制定,并作为综合应急预案的附件。在公路工程建设领域,专项应急预案又称合同段施工专项应急预案。

合同段施工专项应急预案是施工单位为应对单位工程、分部分项工程施工中某一种或者多种类型的生产安全事故而制定的专项应对方案,重点规范应急组织机构以及应急救援处置程序和措施。一般由施工单位负责人组织相关人员进行编写,驻地监理工程师审核,总监理工程师审批,并报建设单位备案。

合同段施工专项应急预案编制目录:适用范围,风险事件描述,应急组织机构,处置程序,处置措施,应急预案管理。

专项应急预案一般包括但不限于的内容有:

a.物体打击现场专项应急预案。

b.火灾现场专项应急预案。

c.触电事故现场专项应急预案。

d.水灾灾害现场专项应急预案。

e.爆炸事故现场专项应急预案。

f.灼烫现场专项应急预案。

g.食物中毒现场专项应急预案。

h. 突发性溺水专项应急预案。

i. 施工现场中暑专项应急预案。

j. 群体性事件专项应急预案。

k. 坍塌(环境)专项应急预案。

l. 机械伤害专项应急预案。

m. 道路交通事故专项应急预案。

n. 特种设备事故专项应急预案。

o. 其他相关的专项应急预案。

③现场处置方案。

现场处置方案是针对具体的装置、场所或设施、岗位所制定的应急处置措施。现场处置方案应具体、简单、针对性强。现场处置方案应根据风险评估及危险性控制措施逐一编制,做到事故相关人员应知应会,熟练掌握,并通过应急演练,做到迅速反应、正确处置。

在现代社会,各种突发事件时有发生,如自然灾害、事故灾难、公共卫生事件等。这些突发事件往往给人们的生命财产安全带来巨大威胁。而一个完善的应急处置方案可以在突发事件发生时,提供科学有效的指导和措施,保障人员和财产的安全。现场处置方案编制目录:风险事件描述,应急工作职责,处置措施,注意事项,应急处置卡。

现场处置方案一般包括但不限于的内容有:

a. 高处坠落事故现场处置方案。

b. 交通事故现场处置方案。

c. 坍塌、倒塌事故现场处置方案。

d. 高温中暑现场处置方案。

e. 机械事故现场处置方案。

f. 食物中毒、窒息事故现场处置方案。

g. 环境污染现场处置方案。

h. 触电、雷击事故现场处置方案。

i. 火灾事故现场处置方案。

j. 起重伤害现场处置方案。

k. 泥石流现场处置方案。

l. 地震现场处置方案。

m. 其他相关的现场处置方案。

（5）应急处置卡

根据《企业职工伤亡事故分类》（GB 6441—1986）将企业工伤事故分为20类，分别为物体打击、车辆伤害、机械伤害、起重伤害、触电、淹溺、灼烫、火灾、高处坠落、坍塌、冒顶片帮、漏水、放炮、瓦斯爆炸、火药爆炸、锅炉爆炸、容器爆炸、其他爆炸、中毒和窒息以及其他伤害等。在编制应急预案的基础上，对工作场所、岗位的特点，编制简明、实用、有效的应急处置卡。应急处置卡应当规定重点岗位、人员的应急处置程序和措施，以及相关联络人员和联系方式，便于从业人员携带。示例参见表3-7。

岗位应急处置卡　　　　　　　　　　表3-7

岗位名称		×××
序号	本岗位存在的危险性分析	消减控制措施
1	车辆伤害	（1）应遵守道路交通安全有关法律法规，注意避让过往车辆及设备； （2）设置警示标志
2	人身伤害	（1）作业时，应注意观察周围环境； （2）按规定穿戴劳动防护用品； （3）在管沟、坑槽附近设立警示标识
3	触电伤害	（1）作业时，应注意周围的环境； （2）按规定穿戴劳动防护用品； （3）不得私拆、私接电线；电动工具使用前，检查有无破皮漏电，采用一箱一闸一保护
4	高处坠物打击	（1）作业时，应注意周围的环境； （2）按规定穿戴劳动防护用品，正确佩戴安全帽； （3）严格管理现场施工人员，不得从高空抛物，以及高处脚手板上禁止堆物
5	身体中暑	（1）作业时，尽量避开高温时间段作业； （2）了解员工身体基本情况，对体质虚弱的员工，应加强保护； （3）注意中暑先兆症状；在高温下活动一段时间后，如果产生轻度头痛、头晕、耳鸣、眼花、恶心、无力、口渴及大量出汗等症状，要及时离开高温环境，最好到阴凉、通风的地方休息
应急处置措施		（1）发生触电或电灼伤，立即切断电源或使人体脱离危险源，进行现场急救后，送医院继续救治。 （2）发生高处坠落时：①头部先着地，呕吐、昏迷，可能是颅脑损伤，立即送医院抢救；②伤者耳鼻出血，严禁用手帕、棉花、纱布去堵塞；③伤者腰背部先着地，可能出现脊柱骨折、下肢截瘫，不要随意翻动；④顺伤员躯干轴线，滚身移至硬担架或木板床上，取平卧位，运输过程中注意颠簸。 （3）发生机械伤害，立即停止操作，脱离危险源，采取止血、包扎等现场急救措施，同时向项目部领导汇报；如果伤情较重，可直接拨打120急救电话送医救治。 （4）发生中暑事件时：①将中暑人员立即抬离工作现场，移至阴凉、通风的地方，同时垫高头部，解开衣裤，以利呼吸和散热；②用湿毛巾敷头部或用冰袋做简单的降温处理，并立即报告应急指挥中心；③立即联系车辆，由救护组送至医院，或直接拨打120急救。暂时停止现场作业，找出中暑原因并采取有效措施

续上表

配备的劳动保护用品		应急物资	
工作鞋,安全帽		消毒液、烫伤膏、纱布等急救药品,担架、灭火器等	
应急联系方式			
内部	应急办公室	项目经理	安全员
	—	—	—
外部	火警电话	急救电话	报警电话
	119	120	110

3.4.2 应急演练

应急演练是指各级人民政府及其部门、企事业单位、社会团体等(以下统称演练组织单位)组织相关单位及人员,依据有关应急预案,模拟应对突发事件的活动。生产经营单位应按照相关要求及自身实际情况组织开展应急演练,演练过程中应拍摄相关现场演练照片,演练过后应编制应急演练资料汇编并存档。应急演练现场画面如图3-11所示。

图3-11 应急演练现场画面

(1)应急演练的类型

①按组织形式划分,可分为桌面演练和实战演练。

②按内容划分,可分为单项演练和综合演练。

③按目的作用划分,可分为检验性演练、示范性演练及研究性演练。

(2)应急演练的内容

生产经营单位应制定本单位的应急预案演练,根据本单位的事故风险特点,每年至少组织一次综合应急预案演练,专项应急预案演练,每半年至少组织一次现场处置方案演练,做到一线从业人员参与应急演练全覆盖,掌握相关的应急知识。演练前制定演练方案并向参演人员进行技术交底。演练后,真实记录演练情况。针对演练过程中发现的问题进行总结、修改完善,并再次进行交底。

(3)应急演练的意义

①预防事故发生:通过演练,能够及时发现和解决潜在的安全隐患,提高施工过程中的安全保障措施,从而有效预防事故的发生。

②提高应急响应能力:演练可以让参与者熟悉应急预案和操作流程,提高应急响应的能力和效率,确保在紧急情况下能够做出正确决策和行动。

③加强团队协作:演练过程中需要各个岗位之间的密切配合和协作,可以增强团队意识和协作能力,提高整个团队的综合素质。

(4)应急演练的流程

①制定演练计划:在进行演练之前,需要制定详细的演练计划,包括演练时间、地点、参与人员、演练内容等,确保演练的有序进行。

②设定演练场景:根据实际情况,制定逼真的演练场景,模拟各种突发事件,如火灾、爆炸、坍塌等,以提高参与者的应急处理能力。

③制定应急预案:制定详细的应急预案,包括各个岗位的职责和应急措施,确保在紧急情况下能够迅速采取正确的行动。

④进行实地演练:根据演练计划和场景,组织参与人员进行实地演练,模拟突发事件的发生和应急处置过程,以检验应急预案的有效性和可行性。

⑤总结和改进:演练结束后,要及时总结演练过程中存在的问题和不足,并提出改进意见,以不断完善应急预案和演练机制。

(5)应急演练的目的

①检验预案。通过开展应急演练,查找应急预案中存在的问题,进而完善应急预案,提高应急预案的实用性和可操作性。

②完善准备。通过开展应急演练,检查应对突发事件所需应急队伍、物资、装备、技术等方面的准备情况,发现不足及时予以调整补充,做好应急准备工作。

③锻炼队伍。通过开展应急演练,增强演练组织单位、参与单位和人员等对应急预案的熟悉程度,提高其应急处置能力。

④磨合机制。通过开展应急演练,进一步明确相关单位和人员的职责任务,理顺工作关系,完善应急机制。

⑤科普宣教。通过开展应急演练,普及应急知识,提高公众风险防范意识和自救互救等灾害应对能力。

3.4.3 应急物资

在公路建设过程中,应急物资的准备和使用是至关重要的。这些物资可以提供紧急情况下所需的资源和支持,确保工程顺利进行。因此,合理规划和管理应急物资是公路建设的必要组成部分。

(1)应急物资的作用

应急物资能够帮助应对突发事件。在施工过程中,可能会发生各种紧急情况,如天气变化、自然灾害或交通事故等。在这些情况下,及时调动适当的应急物资可以迅速采取措施以减少损失,并保障施工人员和设备的安全。

应急物资有助于提高施工效率。合理使用和配置这些物资可以帮助解决一些常见问题,如道路封闭、交通管制或材料短缺等。通过及时调配所需资源,可以减少不必要的停工时间,并保证施工进度不受影响。

(2)应急物资的分类

依据《应急保障重点物资分类目录(2015年)》的规定,公路建设领域常见的应急物资可分为工程抢险装备、个人防护器具、警戒器材、消防器材、防汛器材、应急医疗器材等类型。常见应急物资清单如下:

①工程抢险装备:吊车、叉车、铲车、发电机、切割机、千斤顶等;

②个人防护器具:安全帽、安全带、安全绳、反光背心、防护服、绝缘鞋等;

③警示器材:安全警示带、反光标志、警示灯等;

④消防器材:灭火器、消防桶、消防钳、消防水管、消防梯、灭火毯等;

⑤防汛器材:雨衣、雨鞋、雨伞、救生衣、抽水泵、防汛沙袋等;

⑥应急医用器材:担架、急救箱等。

(3)应急物资的管理及使用

应急物资应有专人管理,按照专业管理、保障急需、专物专用的原则进行管理。应急物资应合理使用。通过精确计划和储备所需的物资,可以避免因过度购买或过度消耗而造成资源浪费。这样不仅可以节约成本,还有助于保护环境。

3.4.4 事故报告和处理

(1)事故的等级

依据国务院《生产安全事故报告和调查处理条例》(2007年国务院令第493号)第三条规定,根据生产安全事故(以下简称事故)造成的人员伤亡或者直接经济损失,事故一般分为以下等级:

①特别重大事故,是指造成30人以上死亡,或者100人以上重伤(包括急性工业中毒,下同),或者1亿元以上直接经济损失的事故;

②重大事故,是指造成10人以上30人以下死亡,或者50人以上100人以下重伤,或者5000万元以上1亿元以下直接经济损失的事故;

③较大事故,是指造成3人以上10人以下死亡,或者10人以上50人以下重伤,或者1000万元以上5000万元以下直接经济损失的事故;

④一般事故,是指造成3人以下死亡,或者10人以下重伤,或者1000万元以下直接经济损失的事故。

国务院安全生产监督管理部门可以会同国务院有关部门,制定事故等级划分的补充性规定。

上述所称的"以上"包括本数,所称的"以下"不包括本数。

(2)事故的报告

事故报告的主体:施工单位。如实行总承包的公路建设工程,应当由总包单位负责上报事故。事故报告应当及时、准确、完整,任何单位和个人对事故不得迟报、漏报、谎报或瞒报。

发生生产安全事故后,主要报告内容如下:

①事故发生单位的简要概况;

②事故发生的时间、地点、现场情况;

③事故的简要经过;

④事故已经造成或者可能造成的伤亡人数(包括下落不明的人数)和初步估计的直接经济损失;

⑤已经采取的措施;

⑥报告人姓名或单位名称以及联系方式;

⑦其他应当报告的情况。

事故报告流程如图3-12所示。

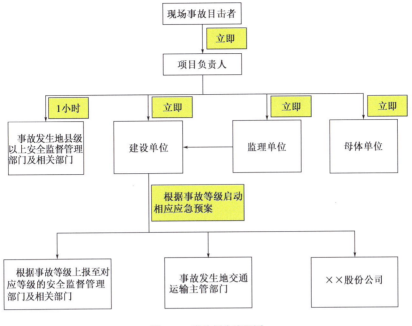

图3-12 事故报告流程图

（3）事故的处理

事故发生后，有关单位和人员应当妥善保护事故现场以及相关证据，任何单位和个人不得破坏事故现场、毁灭相关证据。因抢救人员、防止事故扩大以及疏通交通等原因，需要移动事故现场物件的，应当做出标志，绘制现场简图并作出书面记录，妥善保存现场重要痕迹、物证。

事故发生后的24h内，需要撰写一份详细的报告并上报相关部门。在事故报告之后出现了新的情况，应及时进行补充报告。自事故发生之日起30日内，事故造成的伤亡人数有任何变化，应及时进行补报。对于道路交通事故和火灾事故而言，自事故发生之日起7日内，事故造成的伤亡人数有任何变化，应及时进行补报。

事故调查处理应当坚持实事求是、尊重科学以及"四不放过"的原则，及时、准确地查清事故经过、事故原因和事故损失，查明事故性质，认定事故责任，总结事故教训，提出整改措施，并对事故责任者依法追究责任。

3.4.5 应急预案的备案及实施

（1）应急预案的备案

施工单位应当在应急预案公布之日起20个工作日内，按照分级属地原则，向属地安全生产监督管理部门和有关部门进行告知性备案。

生产经营单位申报应急预案备案,应当提交下列材料:

①应急预案备案申报表。

②应急预案评审或者论证意见。

③应急预案文本及电子文档。

④风险评估结果和应急资源调查清单。

(2)应急预案的实施

①施工单位应当组织开展应急预案、应急知识、自救互救和避险逃生技能的培训活动,使有关人员了解应急预案内容,熟悉应急职责、应急处置程序和措施。

②评估。

a.施工单位应当建立应急预案定期评估制度,对预案内容的针对性和实用性进行分析,并对应急预案是否需要修订作出结论。施工单位应当每三年进行一次应急预案评估。

b.应急预案评估可以邀请相关专业机构或者有关专家、有实际应急救援工作经验的人员参加,必要时可以委托安全生产技术服务机构实施。

③修订。

施工单位遇下列情形之一的,应急预案应当及时修订并归档:

a.依据的法律法规、规章、标准及上位预案中的有关规定发生重大变化的。

b.应急指挥机构及其职责发生调整的。

c.面临的事故风险发生重大变化的。

d.重要应急资源发生重大变化的。

e.预案中的其他重要信息发生变化的。

f.在应急演练和事故应急救援中发现问题需要修订的。

g.编制单位认为应当修订的其他情况。

应急预案修订涉及组织指挥体系与职责、应急处置程序、主要处置措施、应急响应分级等内容变更的,修订工作应当参照应急预案编制程序进行,并按照有关应急预案报备程序重新备案。

④落实。

a.施工单位应当按照应急预案的规定,落实应急指挥体系、应急救援队伍、应急物资及装备,建立应急物资、装备配备及其使用档案,并对应急物资、装备进行定期检测和维护,使其处于适用状态。

b.发生事故时,施工单位应第一时间启动相应的应急响应,组织有关力量进行救援,并按照规定将事故信息及应急响应启动情况报告安全生产监督管理部门和其他负有安全生产监督管理职责的部门。

c.生产安全事故应急处置和应急救援结束后,施工单位应当对应急预案实施情况进行总结评估。

3.5 安全生产保障体系

安全生产保障体系是指企业采取一系列措施,确保生产过程中的安全性和可靠性的管理系统。它旨在预防和减少生产安全事故的发生,保护员工的生命安全和健康,并优化生产效率。主要内容包括安全生产管理制度、安全教育培训、安全生产费用管理、安全检查管理、安全技术管理以及安全生产资料管理。

3.5.1 安全生产管理制度体系

安全生产管理制度是一系列为了保障安全生产而制定的条文。它建立的目的主要是为了控制风险,将危害降到最小,安全生产管理制度也可以依据风险制定。

安全生产管理制度的制定必须结合实际情况,并依据现行的法律法规、规章制度和标准规范(详见附录1和附录2)。不同单位所制定的制度会有些许区别。

(1)制定安全生产管理制度的原则。

①科学性和合理性;

②可操作性和可执行性;

③持续改进,及时总结经验教训,不断完善和更新制度内容,以适应新形势下的安全生产需求。

(2)在公路工程建设中,建设单位为了更好地管理各参建单位,应制定包括但不限于以下制度:

①安全生产责任管理制度;

②安全生产委员会制度;

③安全生产会议制度;

④安全生产监督管理制度;

⑤安全生产教育及培训制度;

⑥安全生产技术交底制度;

⑦安全生产领导带班制度;

⑧安全生产台账管理制度；

⑨危险物品安全管理制度；

⑩安全生产应急制度；

⑪消防安全管理制度；

⑫安全生产费用管理制度；

⑬相关方安全管理制度；

⑭生产安全事故报告、处理和责任追究制度；

⑮安全生产检查和隐患排查治理制度；

⑯安全生产风险辨识、评估与管控制度；

⑰危险性较大工程安全管理制度；

⑱安全生产责任事故约谈制度；

⑲安全生产事故、隐患举报奖励制度；

⑳其他保障安全生产的制度。

（3）监理单位为了更好地监督管理施工现场，应制定包括但不限于以下制度：

①安全生产会议制度；

②专项施工方案审查制度；

③安全生产检查评价制度；

④安全事故隐患督促整改制度；

⑤特种设备复核制度；

⑥安全生产专项费用审查制度；

⑦"平安工地"考核评价制度；

⑧生产安全应急管理制度；

⑨生产安全事故报告制度；

⑩安全生产责任制及考核制度；

⑪安全生产教育培训制度；

⑫专项风险评估核查验收制度；

⑬其他保障安全生产的制度。

（4）施工单位为了更好地规范一线施工人员不安全行为，保障其生命安全，应制定包括但不限于以下制度：

①安全生产责任制、安全生产管理目标及考核制度；

②专项施工方案的编制和审核制度；

③安全教育培训制度、安全交底制度;

④施工安全风险评估制度;

⑤安全生产检查评价制度、"平安文明工地"考核评价制度;

⑥安全事故隐患排查治理制度;

⑦安全隐患、违章举报制度;

⑧安全生产会议制度;

⑨主要负责人安全生产值班、带班制度;

⑩班组安全活动制度;

⑪职业健康管理制度;

⑫生产安全应急管理制度;

⑬安全生产事故统计报告和调查处理制度;

⑭安全生产奖惩制度;

⑮特种作业人员管理制度;

⑯施工设备安全管理制度;

⑰劳动防护用品配备和管理制度;

⑱危险品安全管理制度;

⑲施工现场消防安全责任制度;

⑳其他保障安全生产的制度。

以上制度需要汇编成册,以文件的形式印发,并根据生产进展的需要及法律法规标准规范的变化而随时进行修改和补充。

3.5.2 安全教育培训

在安全生产过程中有些事故的发生来自人的不安全行为,而此行为最本质的原因在于施工人员对危险的认识了解程度不够,因此安全生产教育培训就显得尤为重要。

(1)安全教育培训的重要性

①提高员工安全意识:通过培训教育,可以加深施工人员对危险因素的认识,从而提高自我保护意识和安全行为习惯。

②增强员工应急能力:培训教育可以提高应急救援知识和技能,使员工能够在紧急情况下正确、迅速地采取适当的措施,有效应对各类安全事故。

③减少事故发生率:良好的安全生产培训教育可以帮助员工识别和避免潜在的危险,

提高工作操作的规范性和安全性,从而减少事故的发生。

(2)安全教育培训的对象及内容

依据《中华人民共和国安全生产法》第二十八条、第二十九条、第三十条的规定:生产经营单位应当对从业人员、被派遣劳动者、实习生、特种作业人员等进行安全生产教育和培训,保证从业人员具备必要的安全生产知识,熟悉有关的安全生产规章制度和安全操作规程,掌握本岗位的安全操作技能,了解事故应急处理措施,知悉自身在安全生产方面的权利和义务。未经安全生产教育和培训合格的从业人员,不得上岗作业。不同岗位因工作内容不同,因此所需要接受的安全教育培训知识也不同,可参见表3-8。

安全教育与培训主要内容表　　　　　　表3-8

岗位	主要内容
主要负责人	(1)国家安全生产方针、政策和有关安全生产的法律法规、规章及标准; (2)安全生产管理基本知识、安全生产技术、安全生产专业知识; (3)重大危险源管理、重大事故防范、应急管理和救援组织以及事故调查处理的有关规定; (4)职业危害及其预防措施; (5)国内外先进的安全生产管理经验; (6)典型事故和应急救援案例分析; (7)其他需要培训的内容
安全生产管理人员	(1)国家安全生产方针、政策和有关安全生产的法律法规、规章及标准; (2)安全生产管理、安全生产技术、职业卫生等知识; (3)伤亡事故统计、报告及职业危害的调查处理方法; (4)应急管理、应急预案编制以及应急处置的内容和要求; (5)国内外先进的安全生产管理经验; (6)典型事故和应急救援案例分析; (7)其他需要培训的内容
从业人员	(1)安全生产责任制及其他规章制度; (2)安全生产基础知识; (3)安全生产技术、"四新"技术; (4)操作规程; (5)职业健康; (6)应急救援; (7)典型案例

(3)安全教育培训的学时

依据《生产经营单位安全培训规定》(2015年5月29日国家安全生产监督管理总局令第80号),结合公路工程行业安全教育相关规定,安全教育培训学时应满足:主要负责人首次培训时间不得少于32学时,年度再教育时间不得少于12学时;安全生产管理人员首次培训时间不得少于32学时,年度再教育时间不得少于12学时;新上岗人员岗前安全培训时间不得少于24学时。

(4)安全教育培训的形式

①讲座式培训:专家或相关部门负责人进行讲解,向员工传授安全知识技能。

②案例教学:通过分析真实的安全事故案例,引导员工深入了解事故的原因和教训,从而加深对安全的认识。

③模拟演练:通过模拟真实的安全事故场景,让员工亲身参与,锻炼应急反应能力和技巧。

④网络培训:利用互联网技术,开展在线安全生产培训教育,方便员工随时随地学习。

(5)评估安全教育培训效果的方法

①考试评估:设立教育培训考试,测试员工对教育培训内容的掌握情况。

②实际操作评估:观察员工在实际工作中的操作情况,评估其是否按照教育培训要求进行操作。

③反馈调查:通过问卷调查或面谈的方式,收集员工对教育培训效果的评价和建议。

④事故发生率评估:通过比较教育培训前后的事故发生率,评估教育培训效果的好坏。

(6)安全教育培训的管理

①负责教育培训的部门应定期根据各类人员培训需求来编制教育培训计划。

②建立健全的安全教育培训档案。档案内容主要包括:教育培训计划;教学大纲、课程安排表;培训影像记录;学员花名册、学员情况卡片、成绩登记单。

3.5.3 安全生产费用管理

安全生产费用是指企业按照规定标准提取并在成本中列支专门用于完善和改善企业安全或者项目安全生产条件的资金。公路工程施工企业以建筑安装工程造价为计提依据,比例为1.5%,提取的安全生产费用列入工程造价,用于保障从业人员作业环境和生活环境,减少和防止安全生产事故的发生。安全生产费用不足时应协商解决。

(1)安全生产费用使用范围

依据最新发布的《企业安全生产费用提取和使用管理办法》的规定,结合公路工程建设特点,安全生产费用使用范围如下:

①完善、改造和维护安全防护设施设备支出(不含"三同时"要求初期投入的安全设施),包括施工现场临时用电系统,洞口或临边防护,高处作业或交叉作业防护,临时安全防护,支护及防治边坡滑坡,工程有害气体监测和通风,保障安全的机械设备,防火、防爆、防触电、防尘、防毒、防雷、防台风、防地质灾害等设施设备支出。

a. 安全标志；

b. 警示灯具；

c. 防护栏杆；

d. 防护围栏、围挡；

e. 安全通道；

f. 安全防护网；

g. 隧道逃生管道、救生管道；

h. 有毒有害气体监测和通风；

i. 民爆物品现场储存使用安全防护设备；

j. 供配电及临时用电安全保护设施；

k. 其他安全防护设施设备。

②应急救援技术装备、设施配置及维护保养支出，事故逃生和紧急避难设施设备的配置和应急救援队伍建设、应急预案制修订与应急演练支出。

a. 消防器材设备；

b. 应急救援器材设备；

c. 其他应急物资；

d. 应急预案修订；

e. 应急演练；

f. 应急救援队伍建设；

g. 其他装备、设施设备等。

③开展施工现场重大危险源监测、评估、监控支出，安全风险分级管控和事故隐患排查整改支出，工程项目安全生产信息化建设、运维和网络安全支出。

a. 重大危险源评估；

b. 重大危险源监控设施设备；

c. 重大事故隐患评估、监控；

d. 安全风险分级管控和事故隐患排查整治；

e. 安全生产信息化建设、运维和网络安全。

④安全生产检查、评估评价（不含新建、改建、扩建项目安全评价）、咨询和标准化建设支出。

a. 日常安全生产检查；

b. 安全生产评价（估）；

c. 安全生产技术咨询;

d. 安全生产标准化建设。

⑤配备和更新现场作业人员安全防护用品支出。

a. 现场作业人员安全防护用品的配备;

b. 现场作业人员安全防护用品的更新。

⑥安全生产宣传、教育、培训和从业人员发现并报告事故隐患的奖励支出。

a. 安全生产宣传;

b. 安全生产教育、培训;

c. 从业人员发现并报告事故隐患的奖励。

⑦安全生产适用的新技术、新标准、新工艺、新装备的推广应用支出。

⑧安全设施及特种设备检测检验、检定校准支出。

a. 特种设备检测检验;

b. 安全设施设备检测检验;

c. 检定校准支出。

⑨安全生产责任保险支出。

⑩与安全生产直接相关的其他支出。

a. 安全生产专项活动;

b. 其他安全生产费用。

（2）安全生产费用不得列支范围

以下费用不在安全生产费用中列支:

①建设项目"三同时"要求初期投入的安全设施。

②属于项目施工工艺要求的,按正常施工作业所设置的基坑围护、防失稳支撑、支架、安全用电等设备费用。

③工地临时办公、宿舍、食堂等现场建筑设施为达到有关质量安全标准要求所需费用。

④驻地、边施工边通车旧路改造工程等施工现场与外界的隔离、围挡设施费用。

⑤由第三方责任损坏和非正常损耗的。

⑥其他由建设单位或监理单位认定的不属于安全设施设备完善、改造和维护的。

⑦因施工单位违反安全生产法律法规、安全生产技术规程和安全生产管理的相关规定而发生起火、爆炸、中毒、坍塌所发生的救援、整改及善后处理等费用。

⑧监管部门对施工单位安全生产违规行为的处罚罚款。

⑨高边坡、高路堤的稳定观测、现浇桥梁施工监控、隧道施工监控量测、超前地质预报和"第三方"检测等费用。

⑩施工单位为参建施工人员办理的建筑施工团体人身意外伤害保险、个人意外伤害保险、职工工伤保险、医疗保险、农民工工伤保险等各种保险费用，为职工提供的体检费用、职业病防治费用等医疗费用。

⑪施工单位为现场作业人员提供的防寒、防暑物品等。

⑫其他由建设单位、监理单位认定的不属于施工现场作业人员个人配备和更新的安全防护用品。

⑬因各类违法行为被行政主管部门处以的罚款。

⑭依据相关法律法规、政策文件和标准规范，建设单位、监理单位和施工单位共同认定不应列入安全生产费用支出的其他费用。

(3) 安全生产费用的使用管理

安全生产费用的管理应坚持"筹措有章、支出有据、管理有序、监督有效"的原则，并按照有关规定、行业标准以及合同约定确定提取标准。

安全生产费用必须做到专款专用，按照"投入多少支付多少"的原则实施。

建设单位编制施工合同文件时应当明确安全生产费用使用范围、数额及其提取使用的程序、职责权限及相关要求等条款。工程建设期间，建设单位应按合同约定，向施工单位支付安全生产费用，并对施工单位安全生产费用使用情况进行检查。对于不具备气象水文条件、交通条件、通信条件、生活条件地区的工程项目，建设单位应在施工合同中优先保障安全生产费用提取支付，保障工程安全。

开工前，施工单位应建立安全生产费用使用管理制度和安全生产费用使用管理计划，报监理单位审核，并经建设单位审批同意后实施。

监理单位应将施工单位安全生产费用投入和使用情况纳入监理范围。监理单位应对施工单位安全生产费用使用情况开展检查，纠正施工单位未有效投入和使用安全生产费用的情况；施工单位拒不改正的，监理单位有权拒绝安全生产费用的审核或计量支付，并及时向建设单位报告。

施工总承包单位将工程依法分包的，总承包单位应当按合同约定，据实将安全生产费用支付给分包单位并监督使用，分包单位不再重复提取。分包工程的安全生产费用不足的，总承包单位应予以补足。不得转嫁给劳务合作队伍承担。

工程开工后一个月内，建设单位及时向施工单位支付首次安全生产费用，且应不低于安全生产费用使用管理计划中第一年度安全生产费用总额的50%，其余安全生产费用应按照月末工程进度款同期支付。总承包单位向分包单位支付安全生产费用管理参照上述执行。

安全生产费用的计量支付应采用现场计量与总额包干相结合的方式。安全生产费用可以具体单位数量及单价进行计量的，应采用现场计量、按实支付的方式进行计量与支付。安全生产费用不能以具体单位数量及单价进行计量的，可采用总额包干、分期支付的方式进行计量与支付。

施工单位应当依据合同文件及经建设单位批复的安全生产费用使用管理计划，据实编制安全生产费用计量表，并附相关计量凭证，报送监理单位审核。监理单位收到安全生产费用计量表后，应及时开展审核。存在异议的，应予退回；审核无异议的，经监理单位总监理工程师签批后报建设单位。建设单位对经监理单位审核通过的安全生产费用计量表进行审批同意后，及时足额向施工单位支付安全生产费用。

施工单位应提供发票、收据、工程确认（结算）单、机械设备租赁及与安全生产有关的技术服务合同、转账凭证等票据凭证，照片、视频、当事人签字等证明材料，以及经监理工程师现场审核通过的计量支付材料，或能够证明安全生产费用实际投入的其他相关资料作为计量凭证。施工单位应对所提供计量凭证的真实性负责。

因工程设计变更导致安全生产费用总额发生变化的，按照合同约定执行。合同无约定的，安全生产费用差额部分按照批复变更金额和规定提取比例同时调整。施工单位应调整安全生产费用使用管理计划报监理单位审核确认，建设单位审批同意后实施。

当施工单位实际使用的安全生产费用超出合同约定的总额时，建设单位与施工单位应根据合同约定处理。合同未约定的，施工单位应调整安全生产费用使用管理计划报监理单位审核确认，建设单位审批同意后，按正常成本费用渠道列支。

工程竣工验收前，施工单位实际使用的安全生产费用少于合同约定总额的，建设单位不再支付剩余安全生产费用。已经支付的，施工单位应将结余资金退回建设单位。结余资金管理按照国家、行业有关财务规定执行。

（4）安全生产费用的监督管理

对安全生产费用提取和使用实施监督检查时，有权采取下列措施：

①进入被检查单位施工现场进行检查。

②要求被检查单位提供安全生产费用提取和使用管理的有关文件和资料。

③在检查中发现安全生产费用提取和使用管理存在问题，应责令立即改正，并依法依规处理。

相关主管部门应及时受理安全生产费用不按规定提取和使用以及挪用挤占安全生产费用的投诉和举报。

建设单位未按规定向施工单位支付安全生产费用、总承包单位未向分包单位支付安全生产费用以及承包单位挪用安全生产费用的,相关主管部门依法进行调查处理,涉嫌犯罪的,移送司法机关处理。

3.5.4 安全检查管理

安全检查是对施工项目贯彻安全生产法律法规的情况、安全生产状况、劳动条件、事故隐患等所进行的检查,其主要内容包括查思想、查制度、查机械设备、查安全卫生设施、查安全教育及培训、查生产人员行为、查施工防护用品、查伤亡事故处理等。

在公路工程建设中,建设单位、监理单位、施工单位都应制定各自的安全检查制度。

(1)安全检查的具体内容

①人的不安全行为:检查违章指挥、违章作业违反劳动纪律的行为;检查个人安全意识、个人安全防护个人冒险作业等。

②物的不安全状态:安全保险装置;安全报警装置;安全警示标识;护栏或围挡;(电气)接地与绝缘;设施防护罩;隧道开挖支护不当;隧道施工间距、作业安全距离;设备带"病"工作;交通导改端安全状态、涉路施工段物的安全状态;隧道内瓦斯浓度、粉尘浓度、照明亮度;作业场地杂乱;"两区三厂"选址等。

③管理上的缺陷因素:全员安全责任制和全员安全生产责任清单、规章制度体系建立健全、安全生产内业资料、应急保障能力建设情况、危险性较大工程专项施工方案的执行情况、安全风险分级管控和隐患排查治理双重预防工作机制、安全生产费用使用情况、"平安工地"和"平安百年品质工程"建设情况、安全生产标准化和信息化等。

④其他安全检查内容:地质灾害和极端气候预警预报、安全隐患闭环管理、相关方安全管理、安全技术交底、科技兴安应用情况等。

(2)安全检查的形式

①日常检查:建设单位、监理单位、施工单位对施工现场进行日常检查。

②定期检查:建设单位每季度组织不少于一次安全检查,监理单位每两个月组织不少于一次安全检查,施工单位每月组织不少于一次安全检查,施工班组每日对施工现场进行检查。

③不定期检查:检查内容根据安全生产敏感时段(如全国两会、五一劳动节、国庆节、

汛期等）来确定,同时应对该时段的安全风险提前辨识防控。

④专项检查:专项检查分为内业检查和外业检查。专项检查主要针对工程建设的关键环节、关键部位进行检查,适宜对照专项施工方案进行检查,从而发现施工前和施工中存在的问题。

⑤综合性检查:综合性检查包括开(复)工前安全检查和验收性检查。主要对安全生产条件和安全作业环境进行检查及验收。

(3)安全检查的方式

安全检查的方式多种多样,应根据实际情况,采取正确的方式进行安全检查,常用的方式有听取汇报、查阅资料、查看现场、询问核查的方式。

(4)安全检查的要求

①对于检查中发现的违章指挥、违章作业行为,应立即制止,并责令其予以纠正。

②各类安全检查应按相关技术标准和规章制度的要求进行,安全检查结果应形成文字记录。

③整改也是安全检查工作重要的组成部分,也是检查结果的归宿。安全整改应做到"五到位",即责任、措施、资金、时限、预案。

(5)安全检查的程序

为了更好地进行施工现场安全检查,人们将安全检查程序共分为七个步骤,分别为安全检查策划、进场现场检查、编写安全检查报告、发布隐患整改通知书、隐患整改、安全评价和改进、检查结束。

(6)在公路工程建设中,很多人会把安全检查和隐患排查两项不同的工作混为一谈,为了方便区分,特编制安全检查和隐患排查关系图,如图3-13所示。

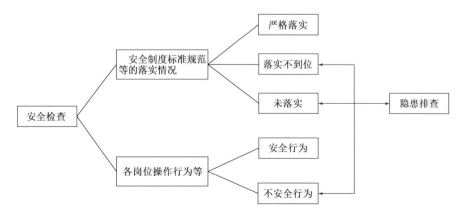

图3-13 安全检查和隐患排查关系图

3.5.5　安全技术管理

(1) 安全技术措施的种类及内容

安全技术措施主要有三种类型,分别是常规性安全措施、季节性安全措施及危险性较大工程安全措施。

常规性安全措施是公路工程施工作业中为保证人员施工安全、机械设备安全和环境安全而采取的措施,基本以执行国家标准或行业标准为主。如高处作业安全技术措施、用电安全措施、临边防护措施、起重吊装安全措施等。

季节性安全措施主要指春夏秋冬不同季节的气候所带来的不安全因素(如高温、严寒等),而采取的针对性措施。

危险性较大工程安全措施主要是指对结构复杂、施工难度大的特殊工程单独编制的安全措施。如地质复杂的隧道、大跨径现浇桥、特殊结构桥梁等工程。

(2) 安全技术措施管理

安全技术措施管理是指对施工组织设计中的安全技术措施进行系统的管理,主要包括编制、审核、审批及论证环节,具体的安全技术措施的管理程序如图 3-14 所示。

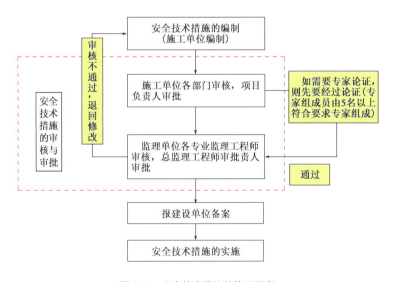

图 3-14　安全技术措施的管理程序

(3) 安全技术交底管理

安全技术交底是指施工负责人在生产作业前对直接生产作业人员进行该作业的安全操作规程和注意事项的培训。

①技术交底的分级要求。

施工技术交底必须在相应工程内容施工前分级进行。

第一级:项目总工向项目各部门负责人及全体技术人员进行交底。

第二级:项目技术部门负责人或各分部分项工程主管工程师向现场技术人员和班组长进行交底。

第三级:现场技术员负责向班组全体作业人员进行技术交底。

②技术交底的主要内容。

第一级交底主要内容为实施性施工组织设计、技术策划、总体施工方案、重大施工方案等,包括合同文件中规定使用的有关技术规范、监理办法及总工期,设计文件、施工图纸的说明和施工特点以及试验工程项目的施工技术标准、采用的工艺;施工技术方案、工程的重难点、施工主要使用的材料标准和要求,主要施工设备的能力要求和配置;主要危险源、质量保证措施、安全技术措施、季节性施工措施以及有关"四新"技术要求等。

第二级交底主要内容为分部分项工程施工方案等,包括施工详图和加工图;试验参数及配合比;测量放样桩、测量控制网、监控量测等;爆破设计;施工方案实施的具体措施及施工方法;交叉作业的协作及注意事项;施工质量标准及检验方法;重大危险源的应急救援措施;成品保护方法及措施;施工注意事项等。

第三级交底主要内容为分部分项工程的施工工序等,包括作业标准、施工规范及验收标准、工程质量要求,施工工艺流程及施工先后顺序,施工工艺细则、操作要点及质量标准,质量问题预防及注意事项,施工技术措施和安全技术措施,重大危险源、出现紧急情况下的应急救援措施、紧急逃生措施等。

③施工交底的方法。

a.施工技术交底以书面的形式进行,可采取讲课、现场讲解或模拟演示的方法。

b.负责第一级交底的项目总工在交底前应按照交底内容写出书面材料,交底后应由接受交底的人员履行签字手续。

c.负责第二级和第三级交底的交底人员在交底前应写出书面材料,并经项目总工审核,交底后应由接受交底的人员签认。

d.技术交底应留存记录。第三级交底要尽量简洁明了、具有可操作性。

④技术交底的其他要求。

a.技术交底应严格执行合同要求,不得任意修改、删减或降低工程标准。技术交底应按优先次序满足合同要求(含合同技术条件、施工图纸等)、国家有关标准、行业标准、企业标准,以及由此衍生出来的规范、规程等。

b.如施工方案、工艺和技术措施等前提情况发生变化,应及时对交底内容作补充修改。

c. 技术交底应根据工程特点、施工条件(水文、气候、资源等)等情况,突出重点,有的放矢,内容全面,具有针对性和可操作性,不流于形式。

d. 对于技术难度大、采用"四新"技术的关键工序,对特殊隐蔽工程和质量事故、工伤事故多发易发工程部位及影响制约工程进度的关键环节,应重点交底,并明确所采取的技术措施和防范对策。

e. 技术交底材料应字迹清晰、层次分明、内容完整,建立台账并存档。

f. 项目技术主管部门应及时对技术交底及执行情况进行检查,当现场施工出现与技术交底有偏差时,应立即下达整改通知书,对整改情况进行检查,并应留有检查记录。

g. 施工人员应按交底要求施工,不得擅自变更施工方法和质量标准。

3.5.6 安全生产资料管理

资料管理是指从工作开始至工作结束这整个过程中资料的收集、分类、整理、编制等一系列的管理活动。资料管理包括实体资料管理和电子资料管理。

安全生产资料是指在安全生产管理过程中形成具有保存价值的文字、图表等不同形式的记录,是安全生产工作的真实反映,是责任追究的重要依据。

(1)安全生产资料管理坚持统一领导、分级管理、专人负责的原则,共同保护安全生产资料的完整与安全。

(2)安全生产资料整理应遵循"及时、准确、真实、规范、完整"的原则。

①及时:及时填写,及时签字,及时整理,及时归档。

②准确:内容准确无误,且符合相关标准的要求。

③真实:与实际相符合,不弄虚作假,真实可信。

④规范:填写规范,保管规范。

⑤完整:资料填写要完整、系统,符合相关要求。

(3)安全生产资料的管理程序如图3-15所示。

(4)在公路工程建设中建设单位、监理单位、施工单位因为所管理的资料各不相同,所以必须建立各自的安全生产资料管理系统。

所有的安全生产资料应按规定分类、编号和归档,并确保所有文件都有清晰准确的标识。同时,必须制定相关操作流程,明确责任人和操作步骤,以保证安全生产资料能够及时、准确地收集、整理和存档。

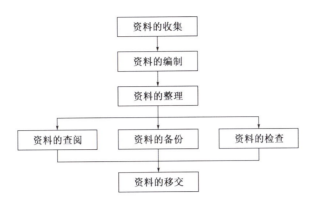

图 3-15 安全生产资料的管理程序图

每个施工阶段都要进行详细记录。这些记录应包括工程进展、安全措施、质量检查等方面的信息。同时对施工现场进行照片、视频等多媒体资料的拍摄，以便后期查阅和分析。

在施工过程中发生事故或质量问题时，应及时进行记录并进行调查分析。这些记录应包括事故发生经过、原因分析以及采取的措施等内容。通过对事故案例进行深入分析和总结，可以提高工程质量和安全水平。

定期进行资料的检查和整理工作。确保安全生产资料的完整性和准确性，发现问题及时纠正。

管理公路工程建设的安全生产资料是一项重要而烦琐的工作。只有做好资料管理，才能为工程的顺利进行提供保障，并为后续的运营和维护提供可靠的依据。

4 施工现场安全管理

4.1 安全防护标准化

安全防护是指通过采取一系列技术措施和管理措施达到或实现安全的目的;标准化工作是指对重复性事物和概念所做的科学统一安全合理的规定,以科学、技术和实践经验的综合为基础,经有关单位协商一致、专家论证和有关部门批准,以特定形式发布,作为共同遵守的准则和依据。通过制定和实施安全防护标准,可以规范安全防护行为,提高安全防护水平,减少安全事故的发生。安全防护标准化是企业进行安全管理和监管部门实施安全监管的重要依据,更是推动安全防护技术进步和创新的重要手段。

在施工现场最常见的安全防护有个体安全防护、临边安全防护、脚手架安全防护、跨线施工安全防护、隧道施工作业安全防护、危险作业安全防护、常用设备及机具安全防护、安全警示工具等。具体内容如下。

4.1.1 个体安全防护

(1)个体安全防护是指在生产、操作处置、搬运和使用危险化学品的作业过程中,为保护作业人员免受危害而采取的保护方法和手段。主要包括呼吸系统防护,眼睛防护,头、手、脚和全身防护。

(2)施工单位有义务为进入施工现场的作业人员提供劳动防护用品,并确保作业人员会正确规范使用。未按规定佩戴和使用劳动防护用品,禁止上岗作业。

(3)劳动防护用品必须符合相关国家标准和行业标准,不得超期使用。

(4)不同的施工场所所配备的劳动防护用品不同,施工单位应对施工场所进行危害因素辨识,从而为作业人员配备适合的劳动防护用品。

(5)常见的劳动防护用品包括:安全帽、安全带(绳)、安全网、防护服、防护鞋、防护面罩等。其中安全帽、安全带(绳)、安全网,通常被建筑工人称为"三宝",这"三宝",是防止物体打击、高处坠落等安全防护的有力武器。个体防护用品如图4-1所示。

(6)安全帽。

①安全帽是用来保护头部,防止物体打击头

图4-1 个体防护用品示意图

部及自身头部意外撞击物体的个人防护用品。安全帽构造如图4-2所示。

②安全帽应符合现行《头部防护 安全帽》(GB 2811)的技术和检验要求。每顶安全帽应有以下永久性标志：制造厂名称、商标、型号、制造日期、产品的强制报废期限、生产合格证和检验证明、生产许可证编号、"LA"安全标志。

③佩戴前，应检查安全帽各配件有无破损、装配是否牢固、帽衬调节部分是否卡紧、插口是否牢靠、绳带是否系紧等，若帽衬与帽壳之间的距离不在25~50mm之间，应用顶绳调节到规定的范围，确保各部件完好后方可使用。

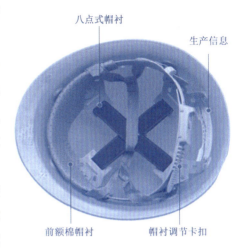

图4-2 安全帽构造图

④使用时根据使用者头的大小，将帽箍长度调节到适宜位置（松紧适度），安全帽要戴正、戴牢，不能晃动，高空作业人员佩戴的安全帽要有颏下带和后颈箍并应拴牢，以防帽子脱落。

⑤在使用中安全帽受到较大冲击后，无论是否发现帽壳有明显的断裂纹或变形，都应停止使用，更换受损的安全帽。一般安全帽使用期限不超过3年。

⑥安全帽应在有效期内使用。每年一次定期检查，发现异常现象不得佩戴。

⑦使用者不应随意在安全帽上拆卸或添加附件，以免影响其原有的防护性能。

⑧不应私自在安全帽上打孔，随意碰撞安全帽，将安全帽当板凳坐，以免影响其强度。

⑨安全帽应保持整洁，不应涂刷油漆，禁止搁置在火源周边，或者阳光下暴晒。任何人进入施工现场必须规范佩戴安全帽。

⑩在施工现场，一般安全帽的不同颜色代表不同的身份，最常见的安全帽颜色有白色、红色、蓝色、黄色。白色安全帽一般是甲方领导或者工程监理佩戴，红色安全帽一般是施工单位管理人员佩戴，蓝色安全帽一般是技术型人员佩戴，黄色安全帽一般是普通施工人员佩戴。

(7) 安全带（绳）。

①常见的安全带类型有全身式安全带和双肩式安全带，如图4-3所示。

②安全带应符合现行《坠落防护 安全带》(GB 6095)的技术和检验要求。每条安全带应有以下永久性标志：制造厂名称、商标、型号、制造日期、生产合格证和检验证明、生产许可证编号、"LA"安全标志。

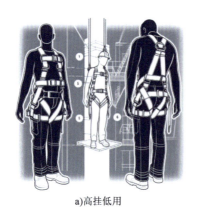  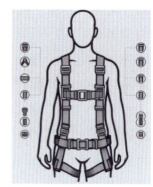

a)高挂低用　　　　　b)双肩式安全带　　　　　c)全身式安全带

图 4-3　安全带

③进行有可能从高空坠落的工作时,必须佩戴安全带,并把安全带牢牢地固定在合适的系定点上,要做到先挂牢后作业。

④安全带必须高挂低用,即安全带必须直接系于工作点上方的系定点,牵索必须尽量缩短。

⑤安全带(绳)在使用时应将钩、环挂牢,卡子扣紧。

⑥安全带严禁擅自接长使用,使用 3m 及以上长绳时应加缓冲器。

⑦缓冲器、速差式装置和自锁钩可以串联使用。

⑧安全带(绳)应避开尖刺、钉子等,并不得接触明火。

⑨安全带上的各种部件不得任意拆掉。更换新绳时要注意加绳套。

⑩使用频繁的安全绳,要经常进行外观检查,发现异常时,应立即更换新绳。安全带的使用有效期一般为 3~5 年,发现异常应提前报废。

(8)安全网。

①安全网是用来防止人和物坠落,或用来避免、减轻坠落及物击伤害的网具。安全网构造如图 4-4 所示。

②安全网可分为平网(P)、立网(L)及密目式安全网(ML)。

③安全网应符合现行《安全网》(GB 5725)的技术和检验要求。每张安全网应有以下永久性标志:生产企业名称、制造日期、批号、材料、规格、重量、生产合格证和检验证明、生产许可证编号。

④安全网主要使用于露天作业场所。必须具有耐候性。具有耐候性的材料主要有锦纶、维纶和涤纶。同一张网所用材料应相同,其湿干强力比应大于 75%,每张网总质量不超过 15kg。阻燃安全网的续燃、阴燃时间不得超过 4s。

⑤平网和立网都应具有耐冲击性。立网不能代替平网,应根据施工需要及负载高度

确定用平网还是立网。平网负载强度要求大于立网,所用材料较多,质量大于立网。一般情况下,平网质量大于5.5kg,立网质量大于2.5kg。

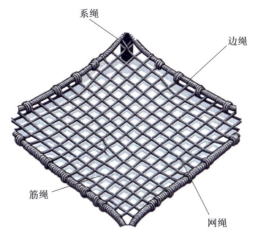

图4-4 安全网结构示意图

⑥安全网上的每根系绳都应与支架系结,四周边绳(边缘)应与支架贴紧,系结应符合打结方便、连接牢靠又容易解开,工作中受力后不会散脱的原则,有筋绳的安全网安装时还应把筋绳连接在支架上。

⑦平网安装网面不宜绷得过紧,当网面与作业面高度差大于5m时,其伸出长度应大于4m,当网面与作业面高度差小于5m,其伸出长度应大于3m,平网与下方物体表面的最小距离应不小于3m,两层网间距不得超过10m。立网安装网面应与水平垂直,且与作业面边缘最大间隙不超过10cm。安装后的安全网应经专人检验后,方可使用。

⑧高处作业部位的下方必须挂安全网;当建筑物高度超过4m时,必须设置一道随墙体逐渐上升的安全网,以后每隔4m再设一道固定安全网;在外架、桥式架、上、下对孔处都必须设置安全网。安全网的架设应里低外高,支出部分的高低差一般在50cm左右;支撑杆件无断裂、弯曲;网内缘与墙面间隙要小于15cm;网最低点与下方物体表面距离要大于3m。安全网架设所用的支撑,木杆的小头直径不得小于7cm,竹杆小头直径不得小于8cm,撑杆间距不得大于4m。

⑨对使用中的安全网,应进行定期或不定期的检查,并及时清理网中落下的杂物,防止安全网的污染,当受到较大冲击时,应及时更换。

(9)防护服。

①防护服是指防御物理、化学和生物等外界因素伤害,保护人体的工作服。

②防护服由帽子、上衣、裤子组成的连身式结构。结构合理、穿着方便、结合部位严密。袖口、脚踝口、帽子面部采用弹性橡筋收口。

③现场作业人员应按工种要求配置适合的普通工作服,特殊作业人员应配置特殊作业工作服。

④施工现场最常见的特殊工种是电焊工,电焊工作服宜为帆布等材质的阻燃服,应符合现行《防护服装 阻燃服》(GB 8965.1)的技术和检验要求。

(10)防护鞋。

①防护鞋是指防御劳动中物理、化学和生物等外界因素伤害劳动者的脚及小腿的保护品。

②防护鞋功能有保护足趾、防刺穿、电绝缘、防静电、耐酸碱等。

③作业人员应根据现场情况正确穿着防护鞋,电工、电焊工必须穿着电绝缘鞋。绝缘鞋必须在规定的电压范围内使用,每半年进行一次预防性试验。

(11)防护手套。

①防护手套是用以保护手部不受伤害的用具。它可以提供多种防护功能,例如防寒、防火、防切割、防化学品等。

②防护手套的制作材料主要有皮革、橡胶、织物等。不同材料制作的防护手套因为防护功能不同,所以适用的工作环境也不同。

③作业人员在不适合以手直接接触机械、机具、物料、液体的情况下,以及可能导致手部受伤时必须佩戴合适的防护手套。有可能触电的工作必须佩戴绝缘手套。手套要跟手形相符合,在操作机械设备时,若手套过长,有可能被卷入机器,则不要佩戴。

④防化学品的手套在使用前必须仔细检查其安全性,不得有破损。

⑤绝缘手套应定期检验其绝缘性能,不符合规定的,禁止使用。

(12)防护用具。

①从事金属切割、混凝土及岩石打凿作业人员必须使用护目镜。

②电焊、气焊作业人员必须配备焊接防护面罩或焊接防护眼镜。

③混凝土作业人员、沥青作业人员、隧道钻孔清渣作业人员必须佩戴防护口罩或防尘口罩。

④在有毒气体的环境中工作必须正确佩戴防毒面具。

4.1.2　常用设备及机具防护

(1)施工机具应有合格证明,并进行进场查验。

(2)施工机具应设置专人管理,定期对施工机具进行检查、维修。

(3)施工机具旁应悬挂安全操作规程牌。施工机具的传动部位应设置防护罩,防护罩外侧刷黄黑相间警示油漆。严禁使用倒顺开关。

（4）施工机具的作业人员须接受安全技术交底和安全培训教育后方可上岗作业。

（5）打桩机。

①施工现场应按桩机使用说明书的要求进行平整压实，地基承载力应满足使用要求。

②桩机作业区内不得有妨碍作业的高压线路、地下管道和地面敷设电缆，设备设施使用的用电线缆应架空设置。

③桩机施工作业范围内不得有障碍物。作业区应有明显标志或围栏，非工作人员不得进入。

④作业前，应对机械进行检查。遇六级及以上的大风和雷雨、大雾、大雪等恶劣气候时，应停止作业。

⑤作业过程中，应检查设备的运转情况，发生异常情况时，应立即停机检查，查明原因，排除故障。

⑥桩机行走时必须有专人指挥，桩机行走线路上的坑、槽、孔、洞要及时回填坚实，不可有虚空现象。

⑦作业后，应将桩机停放在坚实平整的地面上，将桩锤落下垫实，切断动力电源。轨道式桩架应夹紧夹轨器。打桩机实物如图4-5所示。

图4-5　打桩机实物图

（6）焊接机具。

①焊接作业前应开具动火证，按规定配备相应的消防器材和接火装置并设专人监护。高空焊接作业时，下方严禁放置油类、木材、氧气瓶、乙炔瓶、保温材料等易燃易爆物品。雨天禁止露天焊接作业。

②电焊机应设置防雨罩,接线柱应设置防护罩,外壳应有可靠保护零线,使用电焊机焊接时必须穿戴防护用品。电焊机的一次侧电源线长度不得大于5m,二次线应采用防水橡皮护套铜芯软电缆,电缆长度不应大于30m,不得采用金属构件或结构钢筋代替二次线地线,如图4-6所示。

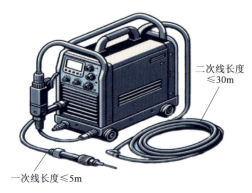

图4-6　电焊机配线长度设置示意图

③钢筋闪光对焊作业区应设挡板;与焊接无关人员不得入内。

④对承压状态的压力容器和装有剧毒、易燃、易爆物品的容器,严禁进行焊接或切割作业。

(7)混凝土施工机械。

①混凝土搅拌机料斗提升时,人员严禁在料斗下停留或通过;当需要在料斗下方进行清理或检修时,应将料斗提升至上止点,并锁牢保险销或用保险链挂牢。

②混凝土输送泵车(汽车泵)应停放在平整坚实的地方,支腿垫平,车身的倾斜度不应大于3°,如图4-7所示。

图4-7　混凝土输送泵车

③混凝土布料机工作面应平整坚实。设置在施工楼板上时,应采取稳固措施;支撑结构应经设计计算,支撑强度必须符合说明书要求。

④混凝土布料机任一部位与其他设备及构筑物的安全距离不应小于0.6m。手动式布料机应有可靠的防倾覆措施。

⑤布料机作业时人员不得在臂架下方停留。风速达到五级及以上或大雨、大雾等恶劣天气应停止作业。

(8)钢筋、木工机械。

①冷拉场地应设置警戒区,并应安装防护栏及警告标志。非操作人员不得进入警戒区。作业时,操作人员与受拉钢筋的距离应大于2m。

②平刨应设护手安全装置,圆盘锯应设分料器、旋转锯片必须设防护罩。

(9)手持电动工具。

①手持电动工具的负荷线选用无接头的橡皮护套铜芯软电缆,电缆芯数应根据负荷及其控制电器的相数和线数确定。

②手持式电动工具中的塑料外壳Ⅱ类工具和一般场所手持电动工具中的Ⅲ类工具可不连接PE线。

(10)气瓶。

①气瓶应有年检标志。气瓶的防振圈、防护帽应齐全、有效。

②氧气瓶应安装减压器,乙炔瓶应安装回火防止器。同时使用两种气体作业时,不同气瓶均应安装单向阀,防止气体相互倒灌。

③氧气、乙炔瓶与明火之间的最小安全距离应为10m,氧气瓶与乙炔瓶之间的最小安全距离应为5m,氧气瓶内剩余气体的压力不得小于0.1MPa,如图4-8所示。

图4-8　气瓶作业安全示意图

④氧气、乙炔瓶室外临时存放必须放置在专用的防护棚内,防护棚间安全距离不小于10m,每间防护棚存放量应不超过10瓶,并设置安全警示标志及配备灭火器材。

4.1.3 临电消防安全防护

(1) 一般规定

①施工现场临时用电应采取 TN-S 系统,如图 4-9 所示,同时符合"三级配电两级保护",末级配电箱的设置应达到"一机一闸一漏一箱"的要求。

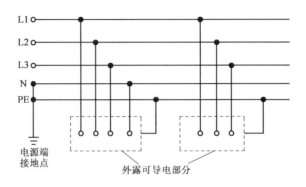

图 4-9 TN-S 系统电路图

②施工现场临时用电设备在 5 台及以上,或用电设备总容量在 50kW 及以上时,应编制临时用电组织设计方案。

③施工现场临时用电工程专用的电源中性点直接接地的 220V/380V 低压电力系统,必须符合下列规定:

a. 采用三级配电系统;

b. 采用 TN-S 接零保护系统;

c. 采用二级保护系统。

④电工应持证上岗,安装、巡查、维修或拆除临时用电设备和线路必须由专业电工完成。

⑤施工现场临时用电必须编制专项方案,定期检查,并建立安全技术档案。

⑥电线架设应符合下列规定:

a. 架空线路宜避开施工作业面、作业棚、生活设施与器材堆放场地;

b. 架空线路边线无法避开在建工程(含脚手架)时,两者之间应按规定保持安全距离;

c. 施工现场的机动车道与外电架空线路交叉时,架空线路的最低点与路面的垂直安全距离应符合相关规定。

⑦铺设电缆线应符合下列规定:

a. 施工现场开挖沟槽边缘与埋设电缆沟槽边缘的安全距离不得小于 0.5m;

b. 地下埋设电缆应设防护管;

c. 架空铺设电缆应沿墙或电杆做绝缘固定；

d. 铺设的电缆线应留有余量，作业过程中不得挤压或拉拽电缆线。

⑧水上或潮湿地带的电缆线必须绝缘良好并具有防水功能，电缆线接头必须经防水处理。

⑨每台用电设备必须独立设置开关箱；开关箱必须装设隔离开关及短路、过载、漏电保护器，严禁设置分路开关；配电箱、开关箱的电源进线端严禁用插头和插座做活动连接。

（2）三级配电

①选用的配电箱应符合国家标准和地方要求。一般情况下，一级配电箱为白色，二、三级配电箱为黄色。

②选用的电器元件应有生产许可证和产品合格证。

③总配电箱应设在靠近电源的区域；分配电箱应设在用电相对集中的区域。

④总配电箱、开关箱应设置漏电保护装置。其中，总配电箱漏电保护器额定漏电动作电流大于 30mA、额定漏电动作时间应大于 0.1s，但其两者乘积不应大于 30mA·s；开关箱漏电保护器额定漏电动作电流不应大于 30mA、额定漏电动作时间不应大于 0.1s，潮湿、腐蚀环境下额定漏电动作电流不应大于 15mA。电箱安置应适当，周围无杂物，标注电工联系电话、检查记录。

⑤配电箱定期维修检查时，必须将其前一级相应的隔离开关分闸断电，并悬挂"禁止合闸、有人工作"的停电标志牌，严禁带电作业。

⑥配电箱上应注明编号、责任单位、责任人和联系电话，箱内张贴配电线路图、巡检记录，如图4-10、图4-11所示。

图4-10　配电箱标识牌

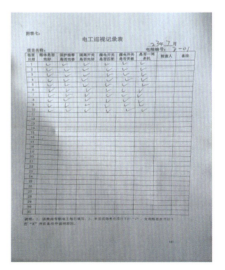

图4-11　电工巡视记录表

(3）开关箱与固定设备设置

①用于单台固定设备的开关箱宜固定在设备附近,如图4-12所示。

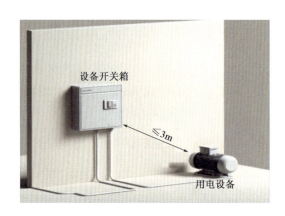

图4-12　设备与电源距离设置应用示意图

②设备开关箱箱体中心点距地面垂直高度应为1.4~1.6m。

③设备开关箱与其控制的固定用电设备的水平距离不宜超过3m。

④连接固定设备的电缆宜埋地,且从地下0.2m至地面以上1.5m处必须加设防护套管,防护套管内径不应小于电缆外径的1.5倍。

⑤设备应定期保养,安全装置灵敏有效,确保正常运行。

(4）配电室安全防护

①配电室应靠近电源,并设置在灰尘少、潮气少、无腐蚀介质及道路畅通的地方;配电室应能自然通风,并应采取防止雨雪侵入和动物进入的措施。

②配电柜防护围栏可选用网片式或格栅式进行组装,如图4-13所示。

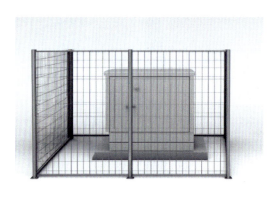

图4-13　配电柜防护围栏

③配电柜侧面的维护通道宽度不小于1m;配电室顶棚与地面的距离不低于3m;配电柜防护围栏正面悬挂操作规程牌、警示牌、责任人及联系电话。

④配电室的建筑物和构筑物的耐火等级不低于3级,室内配置沙箱和可用于扑灭电气火灾的灭火器;配电室的照明分别设置正常照明和事故照明;配电室的门向外开并配锁。

⑤配电柜应装设电源隔离开关和短路、过载、漏电保护器。

(5)消防设施

①临时设施总面积大于1200m²,至少设置一处灭火器材集中点,如图4-14所示。灭火器材集中点不仅要设置消防水池、沙箱、灭火器、消防斧、消防锹、消防桶等器材,而且要张贴消防负责人及有关人员名单和消防知识、应急措施等。

图4-14　灭火器材集中点

②施工作业区设置定点消防箱(内装灭火器,至少2具/箱)。作业区不少于1个/100m;办公区、生活区不少于1个/200m。动火作业设置看火人和移动消防箱(或灭火器)。消防箱为红色。

③不同场所的消防规定:

a.生活区、办公区。

(a)每100m²配备手提式4kg干粉灭火器不少于2具或依据火灾类别设置相应的灭火器,并在适当位置设消防水泵1台、不小于20m的消防水池1个以及2m的消防沙池1个。

(b)厨房、食堂、会议室、集中办公室等各配备不少于2具手提式4kg干粉灭火器。疏散楼梯、安全通道应保持通畅,消防车道净宽和净高均不应小于4m。

b.钢筋加工厂。

动火区按每50m²设置2具手提式4kg干粉灭火器或依据可能发生的火灾类别设置

相应的灭火器。

c. 拌和厂。

(a)拌和楼及控制室各配备不少于1具手提式4kg干粉灭火器或依据火灾类别设置相应的灭火器。

(b)沥青罐区、导热油炉、油料存储区各配置不少于2台推车式35kg干粉灭火器,不少于4具手提式4kg干粉灭火器,并在拌和楼区域设置1个2m³消防砂池及2把消防铲。

(c)发电机房、变配电房各配备不少于2具手提式4kg干粉灭火器。

(d)油库配备不少于1台推车式35kg干粉灭火器,不少于4具手提式4kg干粉灭火器,并配备1个2m³消防砂池,留有消防通道。

d. 预制厂。

(a)临时动火作业场所配备不少于1具手提式4kg干粉灭火器或依据可能发生的火灾类别设置相应的灭火器。

(b)配电箱处配备不少于2具手提式4kg干粉灭火器。

4.1.4　临边安全防护

(1)洞口防护

①洞口作业人员必须严格依照施工安全规范和标准操作规程进行施工,不得违规作业。

②洞口作业人员必须配备必要的防护用品和安全设备,如安全帽、安全绳等。

③为了确保洞口作业人员的安全,洞口周边必须设置防护栏杆或安装安全网进行防护,如图4-15a)所示。

④当洞口短边边长为25~500mm时,应采用承载力满足使用要求的盖板覆盖,盖板四周搁置应均衡,且应防止盖板发生位移,如图4-15b)所示。

⑤当洞口短边边长为500~1500mm时,应采用盖板覆盖或防护栏杆等措施,并应固定牢固,如图4-15c)所示。

⑥当洞口短边边长大于或等于1500mm时,应在洞口作业侧设置高度不小于1200mm的防护栏杆,洞口应采用安全平网封闭,如图4-15d)所示。

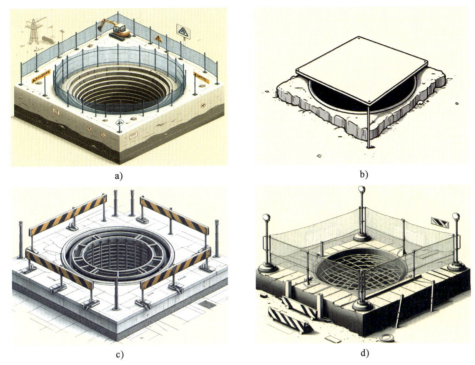

图 4-15 洞口防护

（2）基坑防护

根据《建筑施工土石方工程安全技术规范》（JGJ 180—2009），开挖深度超过 2m 的基坑周边必须安装防护栏杆或防护围挡，如图 4-16 所示。

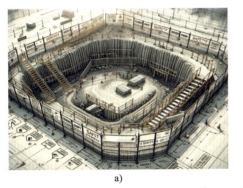
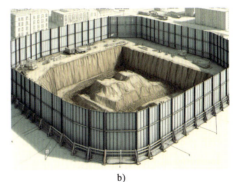

图 4-16 基坑防护

防护栏杆应符合下列规定：

①防护栏杆高度不应低于 1.2m。

②防护栏杆应由横杆及立杆组成。横杆应设 2～3 道，下杆离地高度宜为 0.3～0.6m，上杆离地高度宜为 1.2～1.5m；立杆间距不宜大于 2.0m，立杆离坡边距离宜大于 0.5m。

③防护栏杆宜加挂密目安全网和挡脚板。安全网应自上而下封闭设置；挡脚板高度

不应小于180mm，挡脚板下沿离地高度不应大于10mm。

④防护栏杆应安装牢固，材料应有足够的强度。

(3) 桥面临边防护

①桥梁架设完成后，应在桥面四周设置防护围挡或防护栏杆，并挂设防护网，如图4-17所示。

图4-17 桥面临边防护

②防护栏杆应由横杆、立杆及高度不低于180mm的挡脚板组成。防护栏杆应为两道横杆，上杆距地面高度应为1200mm，下杆应在上杆和挡脚板中间设置。当防护栏杆高度大于1200mm时，应增设横杆，横杆间距不应大于600mm；防护栏杆立柱间距不应大于2000mm。当栏杆所处位置有发生人群拥挤、车辆冲击和物件碰撞等可能时，应加大横杆截面或加密立柱间距。

③临边警示标志设置距离应不大于50m。

(4) 高墩防护

①高墩施工中高处作业时，应设置操作平台，平台上设置防护栏杆及安全警示标志，平台净宽不低于80cm，栏杆设置高度不小于1.2m，挡脚板设置高度不小于0.18m。人员上下必须设置爬梯，脚手板满铺平整、固定牢固，严禁出现探头板，如图4-18所示。

②根据工程实际，墩身在5m以下的高处作业采用带防护笼的直爬梯，5~40m应设置"之"字形人行斜梯，如图4-19所示。40m以上安装附着式施工电梯。各种升降电梯、吊笼等升降设备，必须有可靠的安全装置。严禁使用各种起重机械吊人。

③爬梯、脚手架、工作平台应搭设牢固，不得与模板及其支撑体系连接。夜间施工必须配备足够的照明设施及发光警示标志。

④高墩柱施工时，在墩柱10m范围内设警戒区，并应派专人监护。墩台施工靠近既有道路时，应采取可靠的安全防护，确保过往人和车辆的安全。作业高度超过20m时，设置避雷设施。

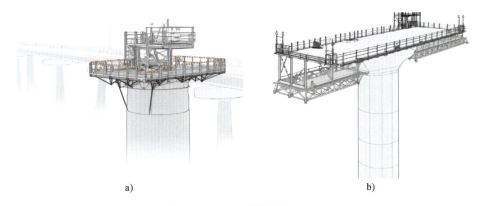

图 4-18 操作平台

图 4-19 "之"字形人行斜梯

⑤高墩施工大型模板体系必须严格执行"三同时"规定,即安全防护设施与模板主体同时设计、同时安装、同时投入使用。塔式起重机基础栏杆适当增加高度,塔式起重机使用公示牌悬挂于现场围挡。

⑥人员爬梯采用组装式之字形爬梯,四周设置螺栓连接口。爬梯的刚度、强度、稳定性必须通过力学验算,满足竖向荷载要求,拆卸安装移动灵活,角钢制作骨架,铁丝网封闭四周。(大于40m墩柱施工,如使用爬梯代替电梯,必须经专家论证、评审通过)

(5)高边坡防护

①高边坡加固与支挡的方案布置应遵循固坡脚、强坡腰和护坡面相结合的原则,高边坡防护如图4-20所示。

②高边坡施工前应编制专项施工方案,按规定组织专家论证,经批准后方可实施。

③高边坡施工时作业人员必须戴好安全帽,系好安全带,穿好防护鞋。严禁一根安全

桩系多根安全绳或一根安全绳系两人以上,安全桩应牢固可靠。

④高边坡松动土石地段施工时,应及时清理坡面上的危石、悬石,并设置醒目的安全警示标志和警示带,如图4-21所示。

图4-20　高边坡防护

图4-21　高边坡安全警示标志

⑤对于高边坡松动地段应按要求上方挂设主动式防护网,下方挂设拦截式被动防护网。

⑥边坡施工应严格按照自上而下分级进行的原则,即"开挖一级、防护一级,禁止交叉作业"。

⑦一般情况高边坡一级台阶高度不超过10m,地质条件较好且经过验算安全的,高度可增加至12m,台阶平台宽度应根据地形及地质情况经设计验算后确定,通常采用2m,深路堑边坡中部可通过设置大于2m的宽平台放缓综合坡率,提高稳定性,边坡岩(土)层分界处宜设平台。

⑧适宜平台绿化的黄土边坡宜采用低台阶(边坡分级高度为3~4m)、宽平台(2.5~3.0m)、陡坡率(1:0.3~1:0.5)的形式。

⑨应及时做好临时排水措施。

⑩应对高边坡的稳定性进行实时监控。

⑪对于高边坡开挖可能涉及爆破作业的,其可能影响到的范围,采取防飞石措施,设警戒区,设专人值守。

4.1.5　脚手架安全防护

(1)脚手架是为了保证各施工过程顺利进行而搭设的工作平台,如图4-22所示。

(2)脚手架的搭拆工作必须由经过考核合格的专业架子工担任,由3人以上配合操作,按程序支搭、组装和拆除。作业时应佩戴安全帽、系安全带,穿防滑鞋。

图 4-22 脚手架

（3）在工程建设中最普遍的脚手架是钢管脚手架，钢管材质应符合 Q235-A 级标准，不得使用有明显变形、裂纹、严重锈蚀材料。钢规格宜采用 $\phi48mm \times 3.5mm$，亦可采用 $\phi51mm \times 3.0mm$ 钢管。同一脚手架中，不得混用两种材质，也不得将两种规格钢管用于同一脚手架中。扣件应与钢管管径相配合，并符合国家现行标准的规定。

（4）钢管脚手架连接材料应使用扣件，接头应错开，螺栓应紧固。立杆底端需使用立杆底座。

（5）脚手板必须铺满、绑牢，无探头板，并牢固地固定在脚手架的支撑上。脚手架的任何部分均不得与模板相连。

（6）脚手架作业层外侧，应按规定设置防护栏杆和挡脚板。敷设的安全设施应经检查，确保操作人员和小型机械安全通行。

（7）脚手架应按规定采用密目式安全立网封闭，并在作业层和通道外侧设置踢脚板。脚手架上的材料和工具应堆放整齐，积雪和杂物应及时清除。有坡度的脚手板，可加设防滑木条。

（8）落地式脚手架的基础应坚实、平整并定期检查。立杆不埋设时，每根立杆底部应设置垫板或底座，并设置纵、横向扫地杆。纵向扫地杆应采用直角扣件固定在距底座上皮不大于 200mm 处的立杆上。横向扫地杆应采用直角扣件固定在紧靠纵向扫地杆下方的立杆上。脚手架底层步距不大于 2m。脚手架立杆横距不大于 1.5m，纵距不大于 1.8m。立杆必须用连墙件与建筑物可靠连接。

（9）脚手架高度大于 10m 时，应按照相关规定设置缆风绳。缆风绳的地锚应设围栏。

（10）搭设在水中的脚手架，应经常检查受水冲刷情况，发现松动、变形或沉陷时应及时加固。脚手架上作业人员应佩戴救生设备。

（11）严禁在未夯实的回填土上搭设落地式脚手架。高大独立的金属脚手架应设避雷装置。

(12)脚手架验收合格后应按规定设置警示标志牌。

(13)架体上的施工荷载须符合设计规定,严禁超载,严禁放置影响局部杆件安全的集中荷载或偏载、振动和冲击荷载等;施工中应及时清理架体、设备及其他构配件上的垃圾和杂物。

(14)施工期间应注意与电力线路保持安全距离。工作区应设置封闭围挡、设立警戒线和警示标志,设专人看守,非施工人员严禁入内。

(15)高温、大雨雪、6级及以上大风、浓雾霾、冰冻等恶劣天气应停止架上作业;雨、雪、雾、冰天应停止脚手架、支(拱)架的搭拆作业;雨、雪、霜后上架作业应采取有效的防滑措施,并应扫除积雪、残冰。

(16)脚手架、支(拱)架在使用过程中应每月全面检查一次,停用超过一个月时应采取加固措施;大风、大雨、大雪后应对脚手架进行全面检查,发现倾斜、下沉、脱扣、崩扣、连接脱裂等现象必须立即维修、更换处理。

(17)施工期间满堂脚手架与模板支(拱)架的交叉支撑和加固杆禁止拆除;严禁在脚手架、支(拱)架基础附近进行挖掘作业。门式脚手架在使用期间,不应拆除加固杆、连墙件、转角处连接杆、通道口斜撑杆等加固杆件。

(18)脚手架拆除过程中严禁使用榔头等硬物击打、撬挖。拆下的杆件、脚手板、钢管、扣件、钢丝绳等材料,应采用机械或人工运至地面,严禁随意抛掷。

(19)脚手架拆除的原则应自上而下拆除,不得上下双层同时作业。

4.1.6 跨线施工安全防护

(1)上跨既有通行道路施工,应编制交通组织方案和专项施工方案,并通过专家评审后,方可实施。

(2)现场作业车辆、机械应配备作业警示灯,现场作业人员应穿戴具备反光或部分反光性能的安全服和安全帽。

(3)在进行桥梁工程上跨既有通行道路施工时,为防止桥梁施工过程中对下方车辆与行人造成影响,应搭设跨线安全防护棚,如图4-23所示。

(4)安全防护棚的长度必须大于自由坠落的防护半径,顶板顶面四周设高度0.6m围护。

(5)当上部施工高度超过24m时,防护棚应设间距600mm的双层防护顶,必须满铺能承受大于10kPa的均布静荷载的材料,或50mm厚木板或其他符合要求的材料。

图 4-23　跨线安全防护棚

4.1.7　隧道施工作业安全防护

（1）一般规定

①隧道施工前应开展安全风险评估并编制满足要求的专项施工方案。

②隧道施工时应保持空气循环，按要求设置通风机和通风管。隧道通风机及通风管应设置专人定期维护、修理。

③隧道施工时应做好洞内排水，保证水能及时、顺畅地排出。

④隧道施工中应按照要求检测有毒有害气体。高瓦斯隧道应严格按照相关规定配置防爆设备和设施。

⑤隧道内坑洞、临边部位等应设立防护栏杆及醒目的安全警示标志。

⑥隧道洞口、开关箱、配电箱、台车、台架、坑洞和仰拱等危险区域应设置醒目的安全警示标志；洞内施工机械、设备、设施均应设反光标识；台车和台架应设灯带轮廓标识。

⑦台车、台架作业平台应设置临边安全防护栏、人员上下工作梯，作业平台上脚手板应铺满木板，端头应搭于支点上，跳板应钉防滑条；作业平台所站人数及堆放的材料质量，不得超过其设计荷载值。

⑧存在不良地质、特殊性岩层、有毒有害气体等高风险隧道应安装视频监控设备，以便实时监控洞内情况。

⑨隧道内供风、供水、供气管线与供电线路应分别架设，照明和动力线路应分层架设。

⑩供电线路架设应遵循"高压在上、低压在下，干线在上、支线在下，动力线在上、照明线在下"的原则。110V 以下线路距地面不得小于 2m，380V 线路距地面不得小于 2.5m，6～10kV 线路距地面不得小于 3.5m。隧道内施工不得使用以汽油作为动力的机械设备。

⑪隧道内的电缆线供电电压及绝缘性能应符合相关规定。

⑫短隧道宜采用高压至洞口,再低压进洞。

⑬高压分线部位应设置明显危险警告标志,配电箱和开关箱应进行责任人和用途标识。

⑭施工隧道内不得使用明火取暖。

⑮隧道内不得存放汽油、柴油、煤油、变压器油、雷管、炸药等物品,不得在施工现场违规运输、存放和使用民用爆破物品。

(2)洞门工程

①值班室设在洞口两侧,距隧道洞口大于30m。值班室应由专人24h值班,负责人员、车辆进出洞登记,以便随时掌握洞内人员情况。值班室门口按规定放置消防器材。

②通风机支架设置距洞口不小于30m,通风机周围不得堆放杂物,进风口设置铁箅,通风机控制系统装保险装置,发生故障自动停机。

③通风机支架高度3.5m,支架下面安装配电柜、风机控制柜等。

④支架上悬挂风机操作规程、安全警示牌。

⑤门禁系统设在距隧道洞口不小于30m处,车辆和人员通行分开设置,做到人车分离。

(3)洞口与明洞

①洞口应设置相应牌图,包括工程概况牌、管理人员名单及监督电话牌、消防保卫(防火责任)牌、安全生产牌、文明施工牌、风险告知牌、施工现场平面图及安全警示标牌等。

②洞口开挖前,应先清理洞上方及侧方可能滑塌的表土、灌木及山坡危岩等,并应按设计要求做好周边截排水系统,截水沟应在边、仰坡施工前完成,确保坡面稳定。

③永久边仰坡防护按设计要求防护,临时边坡采用锚喷网防护。

④边仰坡设防护栏杆,防护栏杆离边仰坡开挖线距离不小于1m。

⑤洞口边仰坡开挖过程中按设计坡比开挖,开挖一级、防护一级,不得掏底开挖,不可上下同时开挖。高陡边仰坡的洞口应根据设计和现场需要设安全棚、安全栅栏或安全网等防护设施,以预防发生物体打击等伤害事故。洞口工程应尽早完成。

⑥洞口附近存在建(构)筑物且使用爆破掘进的,应采用控制爆破技术,并应监测振动波速及建(构)筑物的沉降和位移。

⑦洞口施工应采取措施保护周围(构)筑物、既有线、洞口附近交通道路。

⑧洞口的开挖宜避开雨季、融雪期和严寒季节。

⑨明洞施工应符合下列规定:

a.明洞开挖前,洞顶及四周应设防水、排水设施;

b. 明洞应自上而下开挖。石质地段开挖应控制爆破炸药用量,开挖后应立即进行边坡防护;

c. 开挖松软地层边、仰坡应随挖随支护;

d. 衬砌强度未达到设计的70%、防水层未完成时,不得回填;

e. 明洞槽不宜在雨天开挖。

(4)洞身开挖

①严格按照论证过的专项施工方案进行开挖,做好监控量测,当拱顶下沉和收敛值超标时应立即撤出全部作业人员。

②严格按照要求控制掌子面、二衬、仰拱开挖之间的间距。

③隧道开挖掌子面至二衬之间应设置逃生通道,并随着开挖进尺不断前移,逃生通道距离开挖掌子面应不大于20m。

④逃生通道的刚度、强度和抗冲击能力应满足安全要求,通常采用直径800mm的钢管,壁厚大于6mm,每节管长应宜设置为5m,管节间连接采用法兰盘、承插、套管的方式。

⑤隧道开挖面施工人员应不超过9人,钻孔过程中应当有专职安全管理人员随时检查工作面状况。

⑥隧道开挖起爆前,所有人员撤离掌子面距离不得小于500m。

⑦隧道爆破施工时,应设置警戒线,并在洞口放置如"爆破作业,禁止通行"警示标牌。

⑧隧道爆破通风后先用机械排险,然后专人指挥人工排险。作业人员戴防尘面罩。

⑨施工作业面宜设置喷淋系统,爆破作业完成经安查人员排险后,需及时开启喷淋设备,对渣土进行降尘作业。

(5)隧道施工防护

①隧道施工应做到"先通风、再检测、后作业"。

②施工通风应符合下列规定:

a. 隧道施工独头掘进长度超过150m时应采用机械通风;通风方式应根据隧道长度、断面大小、施工方法、设备条件等确定,主风流的风量不能满足隧道掘进要求时,设置局部通风系统;

b. 隧道施工通风应纳入工序管理,由专人负责;

c. 隧道施工通风应能提供洞内各项作业所需要的最小风量,风速不得大于6m/s;每人供应新鲜空气不得小于$3m^3/min$,采用内燃机械作业时,供风量不宜小于$4.5m^3/(min·kW)$;全断面开挖时风速不得小于0.15m/s,导洞内不得小于0.25m/s;

d. 长及特长隧道施工应配备备用通风机和备用电源;

e. 通风机应装有保险装置,发生故障时应自动停机;

f. 通风管沿线应每 50～100m 设立警示标志或警示灯;

g. 通风管安装作业台架应稳定牢固,并应经验收合格;

h. 主风机间歇时,受影响的工作面应停止工作。

③防尘、防有害气体应符合下列规定:

a. 作业过程中,空气中的氧气含量不得低于 19.5%;不得用纯氧通风换气;

b. 空气中的一氧化碳(CO)、二氧化碳(CO_2)、一氧化氮(NO)等有害气体浓度不得超过规定的容许值;

c. 空气中粉尘浓度应符合相关规定;

d. 隧道施工应采取综合防尘措施,并应配备专用检测设备及仪器。隧道内存在矽尘的作业场所,每月应至少取样分析空气成分一次、测定粉尘浓度一次;

e. 隧道作业人员应配备防尘口罩、耳塞等个人劳动防护用品,并应定期体检。

④施工脚手架和作业台车,应设置人员上下爬梯,衬台车、工作台车上应按要求铺满木板,临边设置防护栏杆或装配式防护栏杆,并配备 4 组消防灭火器,每组 2 个。

⑤下方行车通道应满足洞内通车要求,内轮廓应设置连串式警示灯,台架上用电设备应配置防雨罩和绝缘保护装置。

⑥隧道内从洞口向洞内延伸每隔 100m 设置一组灭火器,每组为 2 个。

⑦隧道作业台车应安装防护彩灯或反光标志,确保车辆通行安全。

⑧台车上宜放置急救箱,包括饮用水、面包、手电、口哨、无线对讲机及一些急救药品等。

(6)超前地质预报和监控量测

①承担地质超前预报的单位必须具备相应的资质。

②地质预报实施前,地质预报单位应编制预报实施大纲,并按程序审查。地质超前预报的主要内容包括:地层岩性预测预报,地质构造预测预报,不良地质预测预报,地下水预测预报。

③监控量测实施前,应结合隧道情况,制定施工全过程量测方案。监控量测主要包括:周边位移、拱顶下沉和地表下沉等。

④超前地质预报成果和监控量测数据应及时反馈施工、监理、设计单位,做到动态设计、动态施工、动态管理,如发现异常,及时采取有效措施。

⑤隧道施工期间所在区域发生地震、滑坡、泥石流等不良地质灾害后,应加强监测,并提出相应对策措施。

⑥超前地质预报作业应符合下列规定：

a.地质预报工作应在隧道找顶作业结束后进行,高地应力区隧道应待工作面支护完成后进行。工作前应观察操作空间上方、周围、开挖工作面附近的安全状态；

b.区域地质条件复杂的隧道,应根据区域地质勘测资料,选择以钻探法为主,结合物探法、地质调查法的多种预测预报方法综合分析；

c.应按动态设计原则,并根据地质复杂程度确定预报方案；

d.地质调查法应在隧道开挖排险结束后进行,钻探法、物探法应待工作面支护完成后进行；

e.地质调查应落实安全防护措施、完善防护设施。作业区域照明的光照度应满足数据采集和预报作业人员安全操作的需要；

f.钻探法预报钻孔孔口管应安设牢固,钻机使用的高压风、高压水的各种连接部件应采用符合要求的高压配件,管路连接应安设牢固、经常检查；

g.地震波反射法预报炸药量不得大于75g。

⑦监控量测作业应符合下列规定：

a.应对观测点周围环境状态进行观察判断,随时观察工作环境及周边安全状态。监控量测过程中应保证作业平台稳定牢固、安全防护到位,作业时必须保证照明充足；

b.在富水区隧道安装量测仪器或进行钻孔时,发现岩壁松软、掉块或钻孔中的水压、水量突然增大以及有顶钻等异常情况时,应停止钻进,并监测水情。当发现情况危急时,应立即撤出所有危险区域的人员,并采取处理措施；

c.隧道附近有重要建(构)筑物、设施设备和其他保护对象时,应对建(构)筑物进行变形和沉降观测；隧道采用爆破施工时,应按现行《爆破安全规程》(GB 6722)进行爆破监测。

(7)逃生与救援

①应在洞口或交通方便的地段修建应急物资库房并储备足够的应急物资,应急物资应定期检查、维护和更新,不得随意挪用。

②隧道逃生通道内应长期配备对讲机、水、食物及应急药品等应急物资箱。

③洞内应急物资应按应急预案规定的种类和数量在指定位置存放,并悬挂"应急材料"标牌。

④隧道内应设置安全预警系统、视频远程监控系统、通信系统以及应急逃生路线灯引导系统。确保隧道发生突发事件可以有效地降低事故损失,进一步保障作业人员的生命安全。

⑤隧道工程应建立应急救援队伍,应急救援队伍应满足以下要求：

a.应急救援人员应配备不少于20人,配备必要的应急救援装备和物资；

b. 每半年至少组织1次生产安全事故应急救援预案演练；

c. 长度在1km以下的隧道应指定兼职应急救援人员，宜与邻近应急救援队伍签订应急救援协议。

4.1.8 安全警示工具

(1)安全警示工具是指给人起到一定的提示或警告作用的工具。

(2)依据《建设工程安全生产管理条例》规定，施工单位应当在施工现场入口处、施工起重机械、临时用电设施、脚手架、出入通道口、楼梯口、电梯井口、孔洞口、桥梁口、隧道口、基坑边沿、爆破物及有害危险气体和液体存放处等危险部位，设置明显的安全警示标志。安全警示标志必须符合国家标准。

(3)根据《安全标志及其使用导则》(GB 2894—2008)的内容，结合公路工程建设的特点，安全标志包括：

①说明类标志：主要用于电梯设置的铭牌，这些铭牌都由生产厂家提供并固定在适当位置，铭牌要求清晰，字迹应清楚，固定应牢靠。

②提示类标志：是用来向人们提供目标所在位置与方向性信息的图形标志。基本形式是矩形边框，图形文字是白色，背景颜色一般用绿色，消防标志用红色，规格尺寸一般为400mm×300mm。示例：

a. 灭火器提示标志，如图4-24所示；

b. 灭火设备提示标志，如图4-25所示。

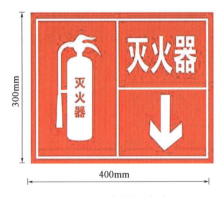

图4-24 灭火器提示标志

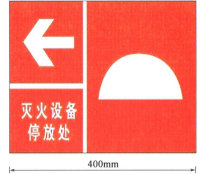

图4-25 灭火设备提示标志

③指令类标志：是强制人们必须做到某种动作或采用防范措施的标志，基本图形形式是圆形边框，图形是白色，背景为蓝色，规格尺寸一般为300mm×400mm。示例：

a. 必须戴安全帽，如图4-26所示；

b. 必须系安全带，如图4-27所示；

c. 必须穿防护鞋,如图 4-28 所示。

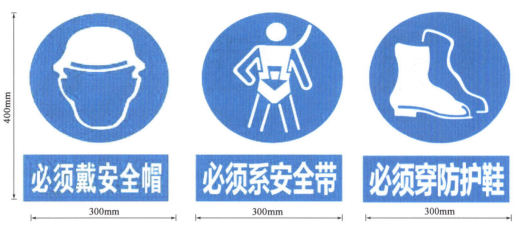

图 4-26　戴安全帽标志　　　　图 4-27　系安全带标志　　　　图 4-28　穿防护鞋标志

④警告类标志:是用来提醒对周围环境引起注意,以避免发生危险的图形标志,基本形式是黑色正三角形边框,图形是黑色,背景为黄色,规格尺寸一般为300mm×400mm。示例:

a. 当心触电,如图 4-29 所示;

b. 当心吊物,如图 4-30 所示;

c. 当心塌方,如图 4-31 所示。

图 4-29　当心触电标志　　　　图 4-30　当心吊物标志　　　　图 4-31　当心塌方标志

⑤禁止类标志:是用来禁止人们不安全行为的标志,基本形式是红色带斜杠的圆边框,图形是黑色,背景为白色,规格尺寸一般为300mm×400mm。示例:

a. 禁止放易燃物,如图 4-32 所示;

b. 禁止堆放,如图 4-33 所示;

c. 禁止停留,如图 4-34 所示。

图 4-32　禁止放易燃物标志　　图 4-33　禁止堆放标志　　图 4-34　禁止停留标志

（4）工程驻地、施工现场必须设置的标志牌主要有工程概况牌、安全生产牌、消防保卫牌、管理人员名单及监督电话牌、文明施工牌及施工现场布置图等,统称为"五牌一图",每个标牌的尺寸规格一般为 2500mm×2000mm（大型枢纽等工程处可根据现场情况确定尺寸）。同时,在施工现场大门入口处,应挂设"进入施工现场须戴好安全帽"的有头像的安全警示标志牌,规格尺寸一般为 300mm×400m,如图 4-35 所示。

图 4-35　"五牌一图"标志牌示意图

（5）标志牌设置的高度,应尽量与人眼的视线高度相一致。局部信息标志的设置高度应视具体情况确定。一般情况标志牌高度设置距地面 80cm。

（6）一般标志牌的材质为 PVC 板或铝塑板,面层采用户外喷绘或车贴。

（7）标志标牌应设在与安全有关的醒目地方,并使大家看见后,有足够的时间来注意它所表示的内容信息,宜设在有关场所的入口处和醒目处,局部信息标志应设在所涉及的相应危险地点或设备（部件）附近的醒目处。

(8)标志牌不应设在门、窗、架等可移动的物体上,以免标志随母体物体相应移动,影响认读。标志牌前不得放置妨碍认读的障碍物。

(9)标志牌应设置在明亮的环境中。

(10)在施工现场多个标志在一起设置时,应按警告、禁止、指令、提示类型的顺序,先左后右、先上后下地排列。

(11)标志牌的固定方式分附着式、悬挂式及柱式三种。悬挂式和附着式的固定应稳固不倾斜,柱式的标志和支架应牢固地连接在一起。

(12)安全标志牌至少每半年检查一次,如发现有破损、变形、褪色等不符合要求时,应及时修整或更换。

(13)根据工程特点和不同的施工阶段,施工现场安全标志牌要及时准确地增补、删减或变动,实施动态管理。

4.2 特种设备管理

特种设备管理是指对涉及生命安全、危险性较大的设备进行管理。施工现场常见的大型特种设备有架桥机、门式起重机、塔式起重机、施工电梯等。

4.2.1 管理要求

(1)特种设备的安装调试、拆卸等工作应由具备相关资质的单位承担。特种设备安装后经当地特种设备技术质量监督管理部门检验检测合格后方可使用,使用过程中应按规定对设备进行检查、维修、保养,并予以记录。

(2)特种设备的安装、拆卸及使用属于危险性较大的分部分项工程(简称危大工程)的,必须按照规定编制、审核专项施工方案,超过一定规模的要组织专家论证。

(3)特种设备操作人员必须经过专业培训,熟知设备性能,持证上岗,做到专人专机。

(4)使用单位应建立特种设备定人定机、定期检查制度,经监理单位审批同意后实施,并报建设单位备案。

(5)特种设备进场后,使用单位须建立"一机一档",安全技术档案应当包括以下内容:

①特种设备的设计文件、产品质量合格证明、安装及使用维护保养说明、监督检验证明等相关技术资料和文件;

②特种设备的定期检验和定期自行检查记录;

③特种设备的日常使用状况记录;

④特种设备及其附属仪器仪表、安全装置的维护保养记录;

⑤特种设备的运行故障和事故记录。

(6)特种设备及操作人员发生变动时,应报送监理单位审批,审批后报建设单位备案。

(7)特种设备作业现场应设置设备出厂合格证、检验检测报告、使用登记证和人员操作证,以及相关安全操作规程牌、机械设备标识牌等。

(8)特种设备的安全防护、保险限位装置及各种安全信息装置应齐全有效,禁止带病运行。

4.2.2 安装与拆卸

(1)架桥机

①架桥机的安装与拆卸应做出施工计划并应严格监督管理。正确的安装和拆卸程序应保证:

a.安装前向当地有关部门提出安装申请;

b.提供架桥机的安装、拆卸说明书,并提供架桥机制造单位及安装单位的有关资质的许可证明;

c.安装人员未完全理解说明书及有关的操作规程之前,不能进行安装作业;

d.安装和拆卸作业应按照安装说明书进行,并且由安装主管人员负责;

e.参与操作的所有人员应经过培训并取得作业人员资格证;

f.更换的部件和构件应为合格品;

g.改变任何预定程序、技术参数或结构应经架桥机设计者或工程师的同意。

②架桥机安装时应对架桥机的主梁和横移轨道进行调平,否则设计时应考虑架桥机作业时的坡度带来的危险因素,并应具备自锁功能。

③架桥机支腿处应铺设垫木并进行临时固结。

④为保护架桥机电机,应设置防雨棚及检修平台,检修平台应设护栏。

⑤架桥机临近、穿越、跨越高压线时应设防电护网。

⑥架桥机作业平台处应设密目式安全网,人员行走平台及楼梯应设置护栏。

⑦架桥机应设置有效的限位器,轨道尽头应设置缓冲器。

⑧架桥机垫木应使用硬垫木,一般不高于三层。

⑨应按相关要求在架桥机上安装防倾覆系统以及风速仪。

⑩司机室内应设合适的灭火器、绝缘地板和司机室外音响信号,门必须安装锁定

装置。

⑪自检和验收。

a.架桥机拼装场地应平整坚实,拼装完成后应按相关要求进行检验,检验通过后经相关单位验收并签发使用许可证之后才能正式投入使用;

b.检验项目主要包括作业环境及外观、金属结构、大车轨道、主要零部件及机构、电气、液压系统、安全装置与防护措施、试验八个方面。

⑫拆卸作业。

a.架桥机架梁完毕后,应铺设轨道,将架桥机开到桥头处,实施拆卸作业;

b.拆卸现场应封闭,严禁无关人员进入。进入拆卸现场的工作人员必须戴安全帽穿防护鞋,在桁架梁以上作业的人员必须系好安全带;

c.拆卸前电工应对各条电缆、电线进行标识;机组人员应对液压管件、油缸以及其他需要标识的部件进行标识,以方便拆卸和下次装配;

d.拆卸作业由架桥负责人和技术人员组织指挥,依照装配的相反顺序进行;

e.拆卸桁架梁时要用枕木垛支撑,枕木搭建要牢固可靠;

f.遇有暂时拆卸不动的螺栓时,应用柴油浸润后拆卸,不准强力击打或用火焰加热后强行拆卸;用火焰加热后拆卸的高强度螺栓必须报废,不准继续使用;

g.拆下的零部件要进行保养处理,分类存放,液压管件的接口要进行密封处理。

(2)门式起重机

①门式起重机的拆装必须由取得建设行政主管部门颁发的拆装资质证书的专业队进行,并应有技术和安全管理人员在场监护。

②起重机拆装前,应按照出厂有关规定,编制拆装作业方法、质量要求和安全技术措施,经企业技术负责人审批后,作为拆装作业技术方案,并向全体作业人员交底。

③对进入施工现场的所有安装人员应进行安装方案的技术交底,使每个工作人员熟悉门式起重机安装方案流程要领,并做好记录,施工中严格按照安装方案执行操作。

④门式起重机轨道的铺设应符合设备安装规定,轨道接地电阻不应大于4Ω。高位露天作业起重机应按标准设置避雷装置。

⑤门式起重机的轨道根底或混凝土根底应验收合格后,方可使用。

⑥门式起重机应设置视频监控系统,方便实时监控施工现场;应设置人脸识别控制系统,禁止非持证人员进行操作。

⑦门式起重机的起重小车、大车应设置行走限位器,保证其灵敏有效;设置起升高度限位器,合理控制被吊物离地高度,确保吊运过程安全可靠。

⑧门式起重机吊钩应安装灵敏有效的防脱钩装置;上下爬梯应设置护笼。

⑨门式起重机行走轨道端头应设置车挡及防撞缓冲装置,防止脱轨。

⑩门式起重机应设置声光报警装置,配备高音喇叭,行走时应发出报警信号,并应设置超载报警安全装置,超载时发出报警信号。

⑪门式起重机电缆宜采用滑线架供电;当采用收线器放缆方式供电时,应设置防磨损设施,严禁电缆拖地运行。起重机与周边架线应保证2m以上的安全距离。

⑫对配合安装的吊车及其他配合机具应进行一次全面检查,所有的安全装置必须齐全可靠、无机械缺陷。

⑬指挥人员应熟悉安装作业方案,遵守安装工艺和操作规程,使用明确的指挥信号进行指挥,所有参与安装作业的人员,都应听从指挥,如发现指挥信号不清或有误时,应停止作业,待联系清楚之后再进行作业。

⑭在安装作业中,当遇天气剧变、突然停电、机械故障等意外情况时,短时间内不能继续作业时,必须使已安装的部位到达稳定状态并固定牢靠,经检查确认无隐患后,方可停止作业。

⑮高处作业人员使用的工具、零配件等应放在随身佩戴的工具袋内,不可随意向下丢掷。

⑯在高处使用气割或电焊切割时,应采取措施,防止火花落下伤人或引起火灾、爆炸。

⑰安装、拆卸区作业时应设置警戒区,关键位置设专人看守,禁止与吊装作业无关的人员入内。

⑱自检和验收。

a.起重机安装完毕后,应当按规定进行自检、检验和验收,验收合格后方可投入使用;

b.验收资料包括:开工报告;设备开箱检验、接收记录;设计变更和修改等有关资料;轨道安装施工质量检查记录;起重机有关的几何尺寸复查和安装检查记录重要部位的焊接、高强螺栓连接的检验记录;起重机的试运转记录;其他有关资料。

⑲拆卸作业。

a.应根据门式起重机的具体规格、结构形式、组件重量、安装起吊设备资源和现场环境等,合理地选择基本的拆卸方式;

b.门式起重机拆卸时应遵循不破坏、稳定不倒塌原则进行,保持未拆除构件稳定;先拆除电气系统,再拆卸机械结构和主体结构;

c.拆卸前,根据拆卸顺序、临时存放或转场运输的需要,宜对拆卸施工平面布置进行规划;门式起重机构件宜考虑按拆卸顺序摆放,场地布置和通道应方便拆卸施工起重机、

辅助工具、物料堆放和装车运输;

d.拆卸前,由使用单位和安拆单位对门式起重机进行校验、清查、留取影像资料,并对电气接口、构件或机件连接部位进行标记编号;

e.应按拆卸顺序预先对支腿、下横梁、大车台架等以临时支撑件和缆风绳进行加固;

f.拆卸前,应将吊钩拆卸,并将起升钢丝绳拆除或回收在卷筒上,钢丝绳应有防护和保养措施;

g.拆卸过程中作业人员应严格按照编制好的拆卸施工方案及安全技术措施进行施工。

(3)塔式起重机

①塔式起重机的拆装必须由取得拆装资质证书的专业单位进行,安装完成后应向设备使用地特种设备管理机构申请报检,经检测合格后方可投入使用。

②所有拆装人员做到持证上岗,按章操作,严格执行专项施工方案。

③塔式起重机安装、拆卸及塔身加节或降节作业时,应按使用说明书中有关规定及注意事项进行。

④架设前应对塔式起重机自身的架设机构进行检查,保证机构处于正常状态。

⑤塔式起重机在安装、增加塔身标准节之前应对结构件和高强度螺栓进行检查,若发现下列问题,应修复或更换后方可进行安装:

a.目视可见的结构件裂纹及焊缝裂纹;

b.连接件的轴、孔严重磨损;

c.结构件母材严重锈蚀;

d.结构件整体或局部塑性变形,销孔塑性变形。

⑥小车变幅的塔式起重机在起重臂组装完毕准备吊装之前,应检查起重的连接销轴、安装定位板等是否连接牢固、可靠。当起重臂的连接销轴轴端采用焊接挡板时,则在锤击安装销轴后,应检查轴端挡板的焊缝是否正常。

⑦安装、拆卸、加节或降节作业时,塔式起重机的最大安装高度处的风速不应大于13m/s,当有特殊要求时,按用户和制造厂的协议执行。

⑧相邻塔式起重机之间水平和垂直两个方向上都要保证不少于2m的安全距离,相邻塔式起重机的塔身和起重臂不能发生干涉,尽量保证塔式起重机在风力过大时能自由旋转。塔式起重机的尾部与周围建筑物及其外围施工设施之间的安全距离不小于0.6m。塔式起重机与输电线之间的安全距离要符合要求。

⑨混凝土基础应符合下列要求:

a. 混凝土基础应能承受工作状态和非工作状态下的最大荷载,并应满足塔式起重机抗倾翻稳定性的要求;

b. 使用单位应根据塔式起重机原制造商提供的荷载参数设计制造混凝土基础;

c. 若采用塔式起重机原制造商推荐的混凝土基础,固定支腿、预埋节和地脚螺栓应按原制造商规定的方法使用。

⑩碎石基础应符合下列要求:

a. 当塔式起重机轨道敷设在地下建筑物(如暗沟、防空洞等)的上面时,应采取加固措施;

b. 敷设碎石前的路面应按设计要求压实,碎石基础应整平捣实,轨枕之间应填满碎石;

c. 路基两侧或中间应设排水沟,保证路基无积水。

⑪塔式起重机轨道敷设应符合下列要求:

a. 轨道应通过垫块与轨枕可靠地连接,每间隔6m应设一个轨距拉杆。钢轨接头处应有轨枕支承,不应悬空;在使用过程中轨道不应移动;

b. 轨距允许误差不大于公称值的1/1000,其绝对值不大于6mm;

c. 钢轨接头间隙不大于4mm,与另一侧钢轨接头的错开距离不小于1.5m,接头处两轨顶高度差不大于2mm;

d. 塔式起重机安装后,轨道顶面纵、横方向上的倾斜度,对于上回转塔式起重机应不大于3/1000,对于下回转塔式起重机应不大于5/1000;在轨道全程中,轨道顶面任意两点的高度差应小于100mm;

e. 轨道行程两端的轨顶高度宜不低于其余部位中最高点的轨顶高度。

⑫自检和验收。

a. 塔式起重机安装完毕,安拆单位应按照《起重机 检查 第3部分:塔式起重机》(GB/T 23724.3—2010)第6章的规定及说明书的有关要求进行自检、调试和试运转;

b. 塔式起重机经安拆单位自检合格、并经有相应资质的检验检测机构检验合格后,使用单位应组织产权、安拆、监理等单位进行验收。

⑬拆卸作业。

a. 根据工程总进度及该机构的结构,制定拆除方案;

b. 根据拆除方案,起重指挥执行拆除顺序,核实每件的重量,找准重心,起吊构件和结构,其吊索的安全系数不小于6;

c. 配合吊运的起重司机应严格执行安全操作规程;按方案的规定对起重机进行就位与

运行,特别是当被拆塔机部件将脱开起吊时,大钩操作要缓慢,且司机绝对不能离开司机室;

d. 拆除塔机时,如需进行割焊作业,焊工在动火前必须将机上的油桶、油棉纱等易燃物消除;机上应配置两只灭火器备用;

e. 在进行上下层交叉作业时,要搭设防护棚或隔离设施,机上各高处临边作业,操作人员必须系好安全带,划定警戒区,凡被拆除塔机垂直投影区,配合起重机运行范围均规定为危险作业区,并围上安全色带,禁止无关人员进入;

f. 作业人员一律戴安全帽,脚着软底鞋,衣裤宜紧凑利索;

g. 特种作业人员持证上岗,严禁无证指挥,无证操作;现场设专职安全员,做好现场安全监护工作。

(4)施工电梯(升降机)

①施工电梯(升降机)安拆单位应具备建设行政主管部门颁发的起重设备安装工程专业承包资质和建筑施工企业安全生产许可证。

②施工升降机安装、拆卸项目应配备相适应的专业安装作业人员以及专业安装技术人员。施工升降机的安装拆卸工、电工、司机等应具有建筑施工特种作业操作资格证书。

③施工升降机使用单位应与安拆单位签订施工升降机安装、拆卸合同,明确双方的安全生产责任。实行施工总承包的,施工总承包单位与安装单位签订施工升降机安装、拆卸工程安全协议书。

④施工升降机应具有特种设备制造许可证、产品合格证、使用说明书、起重机械制造监督检验证书,并已在产权单位工商注册所在地县级以上建设行政主管部门备案登记。

⑤施工升降机安装作业前,安拆单位应编制施工升降机安装、拆卸工程专项施工方案,由安装单位技术负责人批准后,报送施工总承包单位或使用单位、监理单位审核,并告知工程所在地县级以上建设行政主管部门。

⑥施工升降机的类型、型号和数量应能满足施工现场货物尺寸、运载重量、运载频率和使用高度等方面的要求。

⑦当利用辅助起重设备安装、拆卸施工升降机时,应对辅助设备设置位置、锚固方法和基础承载能力等进行设计和验算。

⑧施工升降机安装、拆卸工程专项施工方案应根据使用说明书的要求、作业场地、周边环境的实际情况以及施工升降机使用要求等编制。当安装、拆卸过程中专项施工方案发生变更时,应按程序重新对方案进行审批,未经审批不得继续进行安装、拆卸作业。

⑨安装作业前,安装单位应根据施工升降机基础验收表、隐蔽工程验收单和混凝土强度报告等相关资料,确认所安装的施工升降机和辅助起重设备的基础、地基承载力、预埋

件、基础排水措施等符合施工升降机安装、拆卸工程专项施工方案的要求。

⑩施工升降机安装前应对各部件进行检查。对有可见裂纹的构件应进行修复或更换，对有严重锈蚀、严重损坏、整体或局部变形的构件必须进行更换，符合产品标准的有关规定后方能进行安装。应做好施工升降机的保养工作。

⑪安装作业前，安装技术人员应根据施工升降机安装、拆卸工程专项施工方案和使用说明书的要求，对安装作业人员进行安全技术交底，并由安装作业人员在交底书上签字。在施工期间内，交底书应留存备查。

⑫有下列情况之一的施工升降机不得安装使用：

a. 属国家明令淘汰或禁止使用的；

b. 超过由安全技术标准或制造厂家规定使用年限的；

c. 经检验达不到安全技术标准规定的；

d. 无完整安全技术档案的；

e. 无齐全有效的安全保护装置的。

⑬施工升降机必须安装防坠安全器。防坠安全器应在一年有效标定期内使用。

⑭施工升降机应安装超载保护装置。超载保护装置应对吊笼内荷载、吊笼顶部荷载均有效。超载保护装置应在荷载达到额定载重量的90%时，发出明确报警信号，荷载达到额定载重量的110%前终止吊笼启动。

⑮附墙架附着点处的建筑结构承载力应满足施工升降机使用说明书的要求。

⑯当附墙架不能满足施工现场要求时，应对附墙架另行设计。附墙架的设计应满足构件刚度、强度、稳定性等要求，制作应满足设计要求。

⑰升降机安装在结构物内部井道中时，应在全行程范围井壁停靠点设置防护门及明显标志；装设在阴暗处或夜班作业的升降机，应在全行程装设足够的照明设备。

⑱自检和验收。

a. 施工升降机安装完毕且经调试后，安拆单位应按《建筑施工升降机安装、使用、拆卸安全技术规程》(JGJ 215—2010)附录B及使用说明书的有关要求对安装质量进行自检，并应向使用单位进行安全使用说明；

b. 安拆单位自检合格后，应经有相应资质的检验检测机构监督检验；

c. 检验合格后，使用单位应组织租赁单位、安拆单位和监理单位等进行验收；实行施工总承包的，应由施工总承包单位组织验收；施工升降机安装验收应按《建筑施工升降机安装、使用、拆卸安全技术规程》(JGJ 215—2010)附录C进行；

d. 严禁使用未经验收或验收不合格的施工升降机；

e.使用单位应自施工升降机安装验收合格之日起30日内,将施工升降机安装验收资料、施工升降机安全管理制度、特种作业人员名单等,向工程所在地县级以上建设行政主管部门办理使用登记备案;

f.安装自检表、检测报告和验收记录等应纳入设备档案。

⑲拆卸作业。

a.拆卸前应对施工升降机的关键部件进行检查,当发现问题时,问题解决后方能进行拆卸作业;

b.施工升降机拆卸作业应符合拆卸工程专项方案的要求;

c.应有足够的工作面作为拆卸场地,应在拆卸场地周围设置警戒线和醒目的安全警示标志,应派专人监护拆卸施工升降机时,不得在拆卸工作区域内进行与拆卸无关的其他工作;

d.夜间不得进行施工升降机的拆卸作业;

e.拆卸附墙架时施工升降机导轨架的自由端高度应始终满足使用说明书的要求;

f.应确保与基础相连的导轨架在最后一个附墙架拆除后,仍能保持各方向的稳定性;

g.施工升降机拆卸应连续作业;当拆卸作业不能连续完成时,应根据拆卸状态采取相应的安全措施;

h.吊笼未拆除前,非拆卸作业人员不得在地面防护围栏内、施工升降机运行通道内、导轨架内以及附墙架上等区域活动。

4.2.3 使用操作规程

(1)架桥机

①架桥机操作人员必须严格遵守相关安全操作规程和标准规范要求,严禁违章指挥、违规作业。架桥机实物如图4-36所示。

图4-36 架桥机

②操作人员与指挥人员应密切配合,得到指挥人员的信号后方能开始操作,操作前必须鸣铃示意。

③现场应设专人监控吊具、钢丝绳、制动装置、限位开关、防护栏和安全网等重要安全设备,并做好记录。

④架桥机吊梁前,先检查制动器是否可靠,再检查钢丝绳接头及钢丝绳与卡子结合处的牢固情况。提升小车空车运行或停放时,吊钩的高度不得低于2m。

⑤起吊件应绑扎牢固,并禁止在构件上堆放悬挂零散物件。在起吊和落吊过程中,吊件下方禁止人员停留或通过,以防构件、重物坠落而发生事故。

⑥架桥机上所有操作部位以及要求经常检查和保养的部位,凡与桥面(地面、墩、台)距离超过2m的,都应通过斜梯、平台、通道或直梯到达。

⑦架桥机纵向运行轨道两侧规定高度要求对应水平,保持平稳。前、中、后支腿各横向运行轨道要求水平,并严格控制间距,三条轨道必须平行。

⑧架桥机纵向移动要做好一切准备工作,要求一次到位,不允许中途停顿。

⑨架设桥梁有上下纵坡时,架桥机纵向移位要有防止滑行措施。

⑩架梁作业时,施工现场周边应设防护,严禁非操作人员进入作业区;所有作业过程均必须有专人指挥。作业人员应根据架梁位置使用相应的个人安全防护用品,同时遵守吊装和高处作业安全操作规程。

⑪架梁作业时应按照统一的指挥信号正确操作,严禁利用限位及超限等安全装置执行停机;工作时,操作人员应谨慎操作,严禁离开控制柜。

⑫运梁车喂梁时必须对准架桥机,采用低速挡运行,行走速度应不大于1m/min,前后均须有人指挥,严防梁板倾倒和碰撞架桥机。

⑬吊运梁板时,应使荷载均匀、平稳,不能忽起忽落,严防梁板晃动;吊装钢丝绳应保持垂直,起吊或降落必须同步,注意控制好梁板的高度及前后端的高度差;架桥机严禁超载使用。

⑭在操作过程中,应有专人分别位于前、后支架观察和监听,发现不正常现象或听到不正常声音时,应立即采取相应措施,停车检查排除故障。未找出原因时,不得继续吊装。

⑮当施工现场实测风力不小于6级或雨雪中级(含)以上时,应停止架梁作业,风力不小于10级时,应将架桥机可靠锚定。气温不高于-20℃时,应停止架梁作业。严禁夜间操作,以免操作失误造成事故。

(2)门式起重机

①门式起重机使用单位必须建立机械设备管理制度,并配备专职设备管理人员。门

式起重机实物如图 4-37 所示。

图 4-37　门式起重机

②门式起重机停止使用时应锁紧夹轨器,临时停止时使用垫木固定即可。

③作业前,应进行空载试运转,在确认各机构运转正常、制动可靠、各限位开关灵敏有效、轨道地基无沉陷、轨道上无障碍物后,方可进行作业,并严格执行"十不吊"原则。

④起重机司机应听从挂钩人员的指挥,但对任何人发出的紧急停车信号,都应立即停车。

⑤吊运重物应平稳、慢速,行驶中不得突然变速或倒退;提升大件时严禁用快速,并应拴拉绳防止摆动。空车行走时,吊钩离地面距离应大于 2m。

⑥两台起重设备在同一轨道作业时,应保持大于 5m 的安全距离。两台起重机合吊同一重物时,必须统一指挥,每台起重机的起重量不得超过其额定起重量的 80%,两台起重机的走行、吊放动作要保持一致。

⑦起重机吊装的重物重量接近额定荷载时,应先吊离地面进行试吊,确认吊挂平衡、制动良好、机构正常后,再缓慢提升、运行。

⑧起重机大、小车在正常作业中,严禁开反车制动停车;变换大、小车运动方向时,必须将手柄置于"零"位,使机构完全停止运转后,方能反向开车。

⑨有两个吊钩的起重机,在主、副钩换用时和两钩高度相近时,主、副钩必须单独作业,以免两钩相撞。不准两钩同时吊两个物件。

⑩露天作业的门式起重机,当遇六级及以上大风或停止作业时,锁紧夹轨器,并将吊钩升到顶端位置,吊钩上不得悬挂重物。防抗台风时宜加设缆风绳。

⑪检修起重机时应靠在安全地点,切断电源,挂上"禁止合闸"的警示牌。地面要设围栏,并挂"禁止通行"的标志。

⑫作业后,应将起重机停放在停机线上,用夹轨器锁紧,并将未悬挂重物的吊钩升到上部位置。将控制器拨到零位,切断电源;关闭并锁好操作室门窗。

(3)塔式起重机

①塔式起重机安装完毕后,应通过有资质的检测机构的检测和验收后,向工程所在地县级以上技术监督主管部门办理使用登记备案。塔式起重机实物如图4-38所示。

图4-38　塔式起重机

②塔式起重机司机与指挥人员都属于特种作业人员,应经正式培训并确定合格证书。

③塔式起重机的基础应能承受工作与非工作状态时的最大荷载,基础排水良好并与基坑、路基等保持一定安全距离,确保安全可靠。

④塔身节内必须设置爬梯,以便司机及机工上下。爬梯宽度不宜小于500mm,梯步间距不大于300mm,每500mm设一护圈。当爬梯高度超过10m时,梯子应分段转接,在转接处加设一道休息平台。

⑤塔式起重机的金属结构及所有电气设备的金属外壳,应有可靠的接地装置,接地电阻值应不大于4Ω;高位塔式起重机应设置合格的避雷装置。

⑥塔式起重机的安全装置包括起重力矩限制器、起重量限制器、行程限位装置、小车断绳保护装置、小车断轴保护装置、钢丝绳防脱装置和风速仪等。

⑦塔式起重机上所有安全装置必须灵敏有效,如发现失灵的安全装置,应及时修复或更换。所有安全装置调整完成后,严禁擅自调整。

⑧作业前进行空载运转,检验各工作机构运转正常、无噪声及异响,各机构的制动器及安全防护装置灵敏有效,确认正常后方可作业。

⑨作业中,当停电或电压下降时,应立即将控制器放到零位,并切断电源。如吊钩上挂有重物,应反复放松制动器,使重物缓慢地下降到安全地带。

⑩遇有下列情况时,应暂停吊装作业:

a.遇有恶劣气候,如大雨、大雪、大雾和施工作业面有六级(含六级)以上的强风,影响安全施工;

b. 起重机发生漏电现象；

c. 钢丝绳严重磨损,达到报废标准(见钢丝绳报废标准)；

d. 安全保护装置失效或显示不准确。

⑪塔式起重机的专用开关箱也要满足"一机一闸一漏一箱"的要求,漏电保护器的脱扣额定动作电流应不大于30mA,额定动作时间不超过0.1s。

⑫当塔式起重机超过自身独立高度的时候要架设附墙装置,以增加塔式起重机的稳定性。

⑬塔式起重机在安装前后和日常使用中都要进行检查。发现问题立即处理,做到定人、定时间、定措施,杜绝机械带病作业。

⑭在寒冷季节,对停用塔式起重机的电动机、电器柜、变阻器箱、制动器等,应严密遮盖。

(4)施工电梯(升降机)

①施工电梯(升降机)安装后,安全装置要经试验、检测合格后方可操作使用,施工电梯(升降机)必须由持证的专业司机操作。施工电梯(升降机)实物如图4-39所示。

图4-39 施工电梯(升降机)

②升降机基础应平整、坚实、稳定,场地应排水通畅。

③升降机导轨架顶端自由高度、导轨架与附壁距离、导轨架的两附壁连接点间距离和最低附壁点高度均不得超过规定;导轨架的纵向中心线至建筑物外墙面的距离宜选用较小的安装尺寸。

④施工升降机底层出入口外一定范围内需设置强度满足要求的防护棚,梯笼周围应设置稳固的防护栏杆,各停靠层平台通道应平整牢固、护栏齐全,出入口应设置防护门;全

行程四周不得有危害运行的障碍物。

⑤升降机安装在结构物内部井道中时,应在全行程范围井壁停靠点设置防护门及明显标志;装设在阴暗处或夜班作业的升降机,应在全行程装设足够的照明设备。

⑥梯笼内乘人或载物时,应使荷载均匀分布,不得偏载,严禁超载运转。

⑦不能让货物超出吊笼,正常运行时在吊笼顶部加节设置的安装吊杆应拆除。

⑧当升降机正常运行时,吊笼的顶部不得有人。

⑨当升降机正常运行时,严禁开门或将手及物品伸出窗外。

⑩施工升降机运行到最上层或最下层时,严禁用行程限位开关作为停止运行的控制开关。

⑪升降机在运行中由于断电或其他原因而中途停止时,应由专业维修人员操纵进行缓慢手动下降。

⑫严禁在升降机运行状态下进行维修保养工作。若需维修,必须切断电源并在醒目处挂上"有人检修,禁止合闸"的标志牌,并有专人监护。

⑬遇有20m/s及以上烈风、大雨雪、浓雾霾等恶劣天气以及导轨架、电缆等结冰时,升降机必须立即停止运行,并将梯笼降到底层后切断电源。恶劣天气后,应对电梯的电气线路和各种安全装置及架体连接等进行全面检查,确认正常后方可运行。

⑭作业后将吊笼降到底层,各控制开关拨到零位,切断电源,锁好开关箱和升降机门。

4.3 危大工程管控

危大工程是指在工程建设施工过程中存在的可能导致人员群死群伤或者造成重大经济损失的分部分项工程。在公路工程建设领域常见的危大工程有:基坑工程、模板工程及支撑体系、脚手架工程、拆除工程等。危大工程清单表详见附录3。

危大工程管控是指对工程建设中危险性较大的分部分项工程进行管理控制。

4.3.1 基本规定

(1)建设单位应在工程开工前组织参建各方建立危大工程清单,制定相应的安全措施。

(2)建设单位应向施工单位提供工程地质、气象和水文资料,以及地下管线、相邻建筑物和构筑物、地下工程等工程周边环境资料。如有必要,应委托有资质的单位进行补充勘察。

(3)勘察单位应在勘察文件中说明可能存在的工程风险。

(4)设计单位应在设计文件中注明涉及危大工程的重点部位和环节,提出保障工程周边环境安全和工程施工安全的意见,并依据设计风险评估结论,对设计方案进行修改完善,必要时进行专项设计。

(5)监理单位应建立危大工程安全监理制度,明确审查、现场巡视、监督检查等内容。编制监理计划和监理实施细则时,应明确工作流程、方法和措施。

(6)施工单位应建立危大工程安全管理制度,编制危大工程清单并落实安全措施。如因设计变更、施工条件发生变化等原因导致危大工程发生变化的,应当及时调整危大工程清单。

(7)施工单位应建立危大工程的性质、范围,分析研究危大工程涉及的安全技术条件,做好现场踏勘核实等工作。

(8)施工单位应在危大工程施工前组织工程相关专业技术人员,根据合同段施工安全专项风险评估结论及有关工程建设标准、规范、规程、勘察资料、项目设计文件、现场环境条件和危大工程安全管控要求,编制危大工程专项施工方案。

(9)施工单位编制的专项施工方案,需验算的应附安全验算结果,超过一定规模危大工程专项施工方案应组织专家论证,需要经第三方复核的应提供验算复核资料。

4.3.2 管控内容

根据《危险性较大的分部分项工程安全管理规定》的要求,危大工程在施工前施工单位必须组织工程技术人员编制专项施工方案。对于超过一定规模的危大工程,施工单位应当组织召开专家论证会对专项施工方案进行论证。

(1)专项施工方案的编制程序主要包括编制、审核、审查,如图4-40所示。

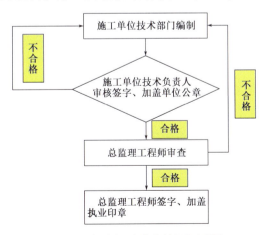

图4-40 专项施工方案编制程序流程图

（2）专项施工方案的编制。

①施工单位应在危大工程施工前组织工程技术人员编制专项施工方案。

②实行施工总承包的,应由施工总承包单位组织编制;实行专业工程分包的,其专项施工方案可由专业承包单位组织编制。

③专项施工方案应包括下列主要内容:

a.工程概况:工程基本情况、施工平面布置、施工要求和技术保证条件;

b.编制依据:相关法律、法规、规范性文件、标准、规范及图纸(国标图集)、施工组织设计等;

c.施工计划:包括施工进度计划、材料与设备计划;

d.施工工艺技术:技术参数、工艺流程、施工方法、检查验收等;

e.施工安全保证措施:组织保障、技术措施、应急预案、监测监控等;

f.劳动力计划:专职安全管理人员、特种作业人员等;

g.计算书及图纸。

④专项施工方案编制时,应根据危大工程的特点和要求进行必要的设计和安全验算,应在"施工工艺技术"中列表明确各危大工程施工参数,应选取最不利构件、工况等特征值进行计算,对所引用的计算方法和数据,应说明其来源和依据。方案中应有文字说明和必要的图示,图文应清晰明了,图示应标注规范。

⑤编制超过一定规模的危大工程专项施工方案必须要有一定的针对性,方案编制工作中需严格把控施工安全底线,不能因所谓经费有限,降低施工安全措施要求。

（3）专项施工方案的审核与审查。

①专项施工方案编制完成后,施工单位(总承包单位或专业分包单位)组织本企业相关部门(质量、安全、技术等)技术人员对危大工程和超过一定规模的危大工程专项施工方案进行审核,审核的主要内容如下:

a.专项施工方案的编制依据是否齐全、有效;

b.专项施工方案内容是否完整、可行;

c.专项施工方案计算书和验算依据、施工图是否符合有关标准规范;

d.专项施工方案是否满足现场实际情况,并能够确保施工安全;

e.应急预案是否可靠、可操作;

f.专项施工方案是否有必要送勘察、设计单位复核。

②经审核后,专项施工方案编制人汇总上述部门和单位的审核意见,对方案进行修改完善后,送施工单位技术负责人审批签字,加盖单位公章,并由总监理工程师审查签字、加

盖执业印章后方可实施。

③危大工程实行分包并由分包单位编制专项施工方案的,专项施工方案应当由总承包单位技术负责人和分包单位技术负责人共同审核签字并加盖单位公章。

④不需专家论证的危大工程专项施工方案,经施工单位审核合格后报监理单位,由项目总监理工程师审查签字并加盖项目监理机构公章后方可实施。

(4)专项施工方案的专家论证内容主要包括专家论证和方案评审,其完整程序流程图如图 4-41 所示。

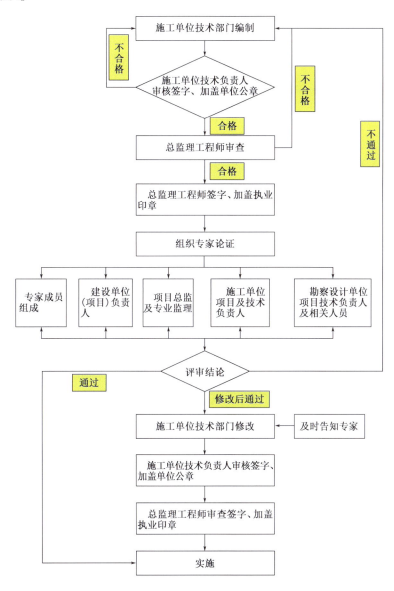

图 4-41　专项施工方案专家论证程序流程图

①对于超危大工程或未达到超危大工程要求但参建方认为有必要的,施工单位应组织专家对专项施工方案进行论证。实行施工总承包的,由施工总承包单位组织召开专家论证会。专家论证前,专项施工方案应通过施工单位审核和项目总监理工程师审查。

②参加专家论证会的人员应包括:

a. 专家组成员;

b. 建设单位项目负责人或技术负责人;

c. 监理单位项目总监理工程师及相关人员;

d. 施工单位技术负责人或授权委派的专业技术人员、项目经理、项目安全负责人、项目技术负责人、专项方案编制人员、项目相关安全生产管理人员;

e. 勘察、设计单位项目技术负责人或授权委派的相关人员;

f. 涉及既有铁路、公路、海事和构筑物保护区安全等情况的,应邀请权属单位和监管部门代表参加方案论证会。

③专家组应由不少于5名专家组成,专家应具备以下基本条件:

a. 诚实守信、作风正派、学术严谨;

b. 从事相关专业工作15年及以上并具有丰富的专业经验;

c. 具有高级专业技术职称。

④项目利害相关方的人员不应以专家身份参加专家论证会。

⑤专家论证的主要内容应满足以下要求:

a. 专项施工方案内容完整、可行;

b. 专项施工方案有计算书和验算依据;

c. 专项施工方案满足现场实际情况,保证施工安全。

⑥专项施工方案经论证后,专家组应提交论证报告,对论证的内容提出明确的意见和结论,与会全体专家在论证报告上签字。该报告作为专项施工方案修改完善的参考依据。

⑦超危大工程专项施工方案经专家论证后结论为"通过"的,施工单位可参考专家意见自行修改完善;结论为"修改后通过"的,专家意见应明确具体修改内容,施工单位应按照专家意见进行修改,并履行有关审核和审查手续后方可实施,修改情况应及时告知专家,由专家组长签字确认;结论为"不通过"的,施工单位应重新编制专项施工方案,履行审核、审查及专家论证流程。

⑧施工单位应根据论证报告修改完善专项施工方案,并经施工单位技术负责人、项目总监理工程师签字。实行施工总承包的,应由施工总承包单位技术负责人签字;实行专业分包的,由专业分包单位、施工总承包单位技术负责人共同签字。

⑨监理单位审查的主要内容应满足以下要求：

a.编审程序及内容符合本文件要求；

b.技术措施符合相关工程建设标准；

c.按专家论证意见修改和完善。

(5)专项施工方案的实施。

①专项施工方案完成上述要求的程序后，监理单位应对安全生产条件进行核查，并报建设单位备案，经核查符合条件后方可下达开工令。

②专项施工方案实施前，施工单位应在施工现场显著位置公告危大工程名称、风险等级、防范注意事项、施工时间和具体责任人员，并在危险区域设置安全警示标志。

③专项施工方案实施前，项目技术负责人或编制人员应组织对现场管理人员进行专项施工方案交底，交底双方签字确认；现场管理人员应对作业人员进行安全防护措施和操作规程交底，项目专职安全管理人员和交底双方共同签字确认。

④施工单位应严格按照专项施工方案组织施工，不得擅自修改、调整专项施工方案。

⑤专项施工方案在实施过程中需要做局部调整的，应说明修改原因和理由，并提交施工单位技术负责人审批。超危大工程专项施工方案，书面提交原专家论证会专家和参与论证各方单位审核同意后，可不再重新组织专家论证会。因规划、设计、结构、地质以及环境等原因，专项施工方案需做重大变更的，施工单位应按照上述要求重新履行审核、审查、论证程序。涉及资金或者工期调整的，建设单位应按照约定予以调整。

⑥超危大工程施工时，施工单位分管领导应对施工项目进行巡查，施工单位应由项目负责人在施工现场带班履职，由专职安全生产管理人员进行现场监督。

⑦施工单位管理人员发现不按照专项施工方案施工的，应要求其立即整改；情节严重的，应要求其暂停施工；发现有危及人身安全等紧急情况的，应立即组织作业人员撤离危险区域。

⑧需进行第三方监测的危大工程，应满足以下要求：

a.委托具有相应资质或能力等级的单位对危大工程施工进行第三方监测；

b.监测单位编制的监测方案，由监测单位技术负责人审核签字并加盖单位公章，报送监理单位同意后方可实施，必要时进行监测方案论证；

c.监测单位按照监测方案开展监测，及时向委托单位报送监测结果，并对监测结果负责；发现异常时，及时向委托单位报告，委托单位立即采取相关措施处置。

⑨监理单位应对危大工程施工实施专项巡视，必要时进行旁站监督；实施监理过程中，发现存在安全事故隐患的，应要求施工单位整改；情况严重的，应要求施工单位暂时停

止施工,并及时报告建设单位。施工单位拒不整改或者不停止施工的,监理单位应及时向有关主管部门报告。

⑩对需要验收的危大工程,验收合格后,方可进入下一道工序。

⑪建设单位应建立危大工程台账,定期组织开展危大工程隐患排查治理。

⑫危大工程应落实首件工程或典型施工验收制度。危大工程施工验收合格后,应编写专项施工总结报告。

⑬建设、监理、施工单位应建立危大工程安全管理档案。

a.建设单位应将专项施工方案清单、管理措施及隐患排查治理等情况纳入档案管理;

b.监理单位应将监理实施细则、专项施工方案审查资料、现场巡查、验收及整改资料等纳入档案管理;

c.施工单位应将专项施工方案及审核、审查、专家论证、相关交底、现场检查、验收及整改等资料纳入档案管理;

d.实行工程总承包的,总承包单位应对工程项目的安全文件负责,并督促、检查分包单位的安全文件管理工作;分包单位应服从总承包单位的安全生产管理,做好分包工程安全文件收集、整理和归档工作;

e.各参建单位应各自建立健全安全资料管理制度,随工程施工进度同步形成危大工程安全文件,内容应真实、完整、规范、可追溯,并指定专人收集、归档和保存。

4.3.3 各方安全规定

(1)建设单位。

①应按照相关规定提供工程周边环境等资料。

②应按照相关规定在招标文件中列出危大工程清单。

③应按照施工合同约定及时支付危大工程施工技术措施费或者相应的安全防护文明施工措施费。

④应按照相关规定委托具有相应勘察资质的单位进行第三方监测。

⑤应对第三方监测单位报告的异常情况采取处置措施。

(2)勘察单位应在勘察文件中说明地质条件可能造成的工程风险。

(3)设计单位应在设计文件中注明涉及危大工程的重点部位和环节,并提出保障工程周边环境安全和工程施工安全的意见。

(4)监理单位。

①应按照相关规定编制监理实施细则。

②应对危大工程施工实施专项巡视检查。
③应按照相关规定参与组织危大工程验收。
④应按照相关规定建立危大工程安全管理档案。
⑤总监理工程师应按照相关规定审查危大工程专项施工方案。
⑥发现施工单位未按照专项施工方案实施,应要求其整改或者停工。
⑦施工单位拒不整改或者不停止施工时,应向建设单位和工程所在地住房城乡建设主管部门报告。

(5)施工单位。
①应按照相关规定编制并审核危大工程专项施工方案。
②应向施工现场管理人员和作业人员进行方案交底和安全技术交底。
③应在施工现场显著位置公告危大工程,并在危险区域设置安全警示标志。
④项目专职安全生产管理人员应对专项施工方案实施情况进行现场监督。
⑤应对超过一定规模的危大工程专项施工方案进行专家论证。
⑥应根据专家论证报告对超过一定规模的危大工程专项施工方案进行修改,并按照相关规定重新组织专家论证。
⑦应严格按照专项施工方案组织施工,不得擅自修改专项施工方案。
⑧项目负责人应按照相关规定现场履职或者组织限期整改。
⑨应按照相关规定进行施工监测和安全巡视。
⑩应按照相关规定组织危大工程验收。
⑪发生险情或者事故时,应采取应急处置措施。
⑫应按照相关规定建立危大工程安全管理档案。

(6)监测单位。
①应取得相应勘察资质再从事第三方监测。
②应按照相关规定编制监测方案。
③应按照监测方案开展监测。
④发现异常应及时报告。

4.4 "两区三厂"和施工便道

4.4.1 "两区三厂"

(1)"两区三厂"指的是公路工程建设项目中的生活区、办公区、钢筋加工厂、拌和厂及预制厂。

（2）"两区三厂"的建设必须根据工程所在地自然条件,从满足环境保护、周边环境、安全距离、安全管理等方面要求做好选址工作。

（3）选址。

①"两区三厂"应选在地质良好的地段,应避开易发生滑坡、塌方、泥石流、崩塌、落石、洪水、雪崩等危险区域,宜避让取土、弃土场地。

②施工现场生产区、生活区、办公区应分开设置,远离高频、高压电源及油、气、化工等其他污染源,应离集中爆破区不小于500m。办公区、生活区宜避开存在噪声、粉尘、烟雾或对人体有害物质的区域,无法避开时应设在噪声、粉尘、烟雾或对人体有害物质所在区域最大频率风向的上风侧。

③选址应避开雷电高发区,建设时应采取防雷避雷措施。

（4）场站建设时,应先组织相关人员按场地选址的相关要求进行现场查勘。预制构件厂应编制临时设施选址方案,绘制施工场地总体平面布置图,在方案实施前必须报监理单位审查批准。其他场站建设可按照合同约定履行相关手续。

（5）一般情况下,编写临时设施建设方案必须经监理单位同意后方可建设,并报建设单位备案,建设完成后施工单位填写验收表并报监理单位进行验收。对不符合要求的临时设施禁止使用,待整改验收合格之后方可投入使用。

（6）场地必须进行混凝土硬化处理,场地硬化按照四周低、中心高的原则进行,面层排水坡度不应小于1.5%,必要时可适当增大排水坡度。场地四周应设置排水沟,排水沟底面采用M7.5砂浆进行抹面,做到雨天场地不积水、不泥泞,晴天不扬尘。

（7）场站的消防设施应满足现行《建设工程施工现场消防安全技术规范》(GB 50720)的有关规定。场站内的临时用电均应按现行标准《施工现场临时用电安全技术规范》(JGJ 46)和《建设工程施工现场供用电安全规范》(GB 50194)的规定执行,并满足以下要求：

①厂区内电缆线路可采用直接埋地或电缆槽敷设;直埋电缆应加设套管,埋设深度不小于70cm,套管四周应铺砂;电缆槽底部应铺砂,防止电缆磨损。

②发电机机体应采用枕木支垫,且进行接地保护,接地电阻不应大于10Ω。

③应在高耸构筑物顶端以及门式起重机轨道两侧设置避雷设施,避雷设施的冲击接地电阻值不大于30Ω,门式起重机接地电阻不大于4Ω,如图4-42所示。

（8）生产生活用水。

①生活饮用水应符合现行《生活饮用水卫生标准》(GB 5749)的有关规定。

②施工现场搭设的水塔、水箱等储水设施应稳固、牢靠,并采取防倾覆措施。

图 4-42　避雷设施

(9)施工现场原材料、半成品、成品、预制构件等堆放及机械、设备停放应整齐稳固、规范、标识清楚,且不得侵占场内道路或影响安全。

(10)在风力大于 8 级、年平均大风日数大于 3 天的地区,应保证"两区三厂"临时建筑物间距不小于建筑高度,并采用地锚钢丝绳等方式进行加固。

(11)"两区三厂"内应保证消防通道通畅,具体现场安全防火间距详见表 4-1。

施工现场主要临时用房、临时设施的防火间距(单位:m)　　　表 4-1

	办公用房、宿舍	发电机房、变配电房	可燃材料库房	厨房操作间、锅炉房	可燃材料堆场及其加工场	固定动火作业场	易燃、易爆物品库房
办公用房、宿舍	4	4	5	5	7	7	10
发电机房、变配电房	4	4	5	5	7	7	15
可燃材料库房	5	5	5	5	7	7	10
厨房操作间、锅炉房	5	5	5	5	7	7	10
可燃材料堆场及其加工场	7	7	7	7	7	10	10
固定动火作业场	7	7	7	7	10	10	12
易燃、易爆物品库房	10	10	10	10	10	12	12

(12)办公区、生活区。

①施工单位项目部驻地房屋可采用自建或租沿线合适房屋。项目部建设场地面积相关参数原则上满足表 4-2 的要求。

项目部建设场地面积参照表　　　　　　　　　　　　　表4-2

占地面积（m²）	办公室面积（m²）	生活用房面积（m²）	停车场面积（m²）	活动休闲区面积（m²）	绿化面积（m²）
≥6000	≥800	≥1400	≥300	≥500	≥200

注：根据项目所在地区地形地势特点，可取0.6~1.4的调整系数，平原地区取大值，山区取小值。

②施工单位应按照投标文件有关承诺，规范用房及场地建设。施工现场主要出入口的大门和门柱应牢固，高度不得低于2m。

③严禁在尚未竣工的建筑物内办公与住宿，现场临时设施必须采用符合防火规范的材料搭建。自建用房最低标准为活动板房，不宜超过两层；位于沿海、戈壁及高原地区的"办公区、生活区"，宜按单层进行规划。

④自建用房屋顶排水通畅，砖混结构墙体下部设0.5m高的墙裙。拼装式活动板房应能够抵抗10级风，在台风、季风期间，应采取相应的加固措施。

⑤"办公区、生活区"第二层楼道宽度不小于1.1m，楼道应设置两处上下楼梯通道。

⑥"办公区、生活区"宜设置在大型设备、设施（钢筋棚、料仓棚、储料罐等）倾覆半径的1.5倍范围之外。

⑦在疏散走道转弯和交叉部位两侧的墙面、柱面距地面高度1.0m以下应设置灯光疏散指示标志。

⑧严禁使用大功率用电设备，严禁乱搭乱接电线，推荐使用USB充电插座及LED照明灯具。

⑨办公区、生活区应保持整洁卫生，由专人管理，会议室、库房和食堂必须设置在一层。

⑩办公区、生活区的通道、楼梯处应设置应急疏散、逃生提示标志和应急照明灯。

⑪生活垃圾与施工垃圾不得混放，办公区和生活区应设置封闭式垃圾容器。生活垃圾应分类存放，并应及时清运。

⑫宿舍内应保证必要的生活空间，室内净高不得低于2.5m，通道宽度不小于0.9m，住宿人均面积不小于2.5m。宿舍、休息室必须设置可开启式外窗，保持通风，床铺不应超过2层，不得使用通铺。夏季应采取消暑和灭蚊蝇措施，冬季应设有保暖和防煤气中毒措施。

⑬食堂应设置在远离厕所、垃圾站、有毒有害场所等污染源20m以外的上风口位置，食堂应配备纱门、纱窗、纱罩等，具备清洗消毒的条件，有排风设施、灭蝇灭鼠灭蟑和杜绝传染疾病的措施。炊事人员必须经体检合格并持证上岗，上岗应穿戴工作服、工作帽和口罩。

⑭食堂的炊具、餐具和公用饮水器具应及时清洗、定期消毒。食堂应设置隔油池，并定期清理。

⑮淋浴间内设置满足需要的淋浴喷头，供应热水，设置储衣柜或挂衣架。

⑯施工现场应配备常用药、绷带、止血带及担架等急救器材。有条件的可配备医务人员。

⑰生活区内应设置供作业人员学习和娱乐的场所，文体活动室配备文体活动设施和用品。

(13) 钢筋加工厂。

①钢筋加工厂应合理选择地点，集中布置，封闭管理，材料堆放区、成品区、作业区应分开或隔离，如图 4-43 所示。

②钢筋加工厂架构宜采用钢结构搭设，顶棚应采用固定式拱形防雨棚，高度应满足设备操作空间（起拱线高度不小于 7m），并设置避雷、防雨雪及防风等保护措施。

③钢筋加工厂应设置不少于两个出入口，沿纵向下层设置采光通风窗户，上层设置采光板，屋面设置天窗。

④钢筋加工厂起重设备宜采用桥式起重机。严禁使用非起重设备或自行组装的门式起重机进行吊装作业。当采用门式起重机，宜设置滑线槽，严禁电缆拖地运行；门式起重机两侧与侧墙、立柱之间的净距不应小于 50cm。

⑤厂区中间宜设置 4m 宽运输主干道，两侧涂刷黄色醒目警示线，主干道两侧设置 0.9m 高隔离栏杆，如图 4-44 所示。

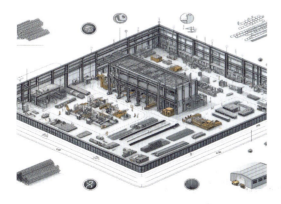

图 4-43 钢筋加工厂分布图

图 4-44 钢筋加工厂内部图

⑥金属加工机械（如卷扬机、钢筋弯曲机等）的工作台应稳固可靠，防止受力倾斜。

⑦机械传动部位应设置防护罩，钢筋冷拉作业区两端应设置防护挡板及安全警示标识。

⑧加工设备之间、设备与墙壁之间的距离不小于0.7m,焊割、冷拉、切割等作业区应进行隔离防护。

⑨钢筋原材料及成品、半成品应分类垫高堆放,垫高台座宜用混凝土、型钢等材料制作,高度不小于20cm,下部支点应以保证堆放的钢筋不变形为原则。钢绞线的存放应保持干燥,防止被雨水淋湿。

⑩钢筋堆放高度不应大于2m,对于捆绑的圆形箍筋和钢筋笼,其叠放层数不应大于2层,如图4-45所示。

a) b)

图4-45 钢筋堆放效果图

⑪机械运转过程中,禁止进行检修和清扫工作。

⑫当持续降雪时,应及时清理积雪或采取火炉升温、撒盐、喷洒融雪剂等措施进行融雪,并密切观测主体及围护结构的变形情况。

(14)拌和厂。

①拌和厂应远离生活区、居民区,尽量设在生活区、居民区的下风向,如图4-46所示。

图4-46 拌和厂

②通往拌和厂及作业区的施工便道,应保证混凝土运输车等施工车辆晴雨天均能顺畅通行。

③拌和厂建设应根据工程实际情况集中布置,宜采用封闭式管理,合理划分拌和作业区、材料计量区、材料库、运输车辆停放区、试验区、集料堆放区及生活区等,内设洗车池(台)、污水沉淀池和排水系统。

④拌和厂内宜设置视频监控系统,拌和厂的生活区应同其他区隔离开,生活区的建设参考项目部生活区建设。

⑤拌和厂内宜进行危险等级分区,各区域按危险等级设置相应的安全警示牌。分级情况见表4-3。

拌和厂危险等级分区　　　　表4-3

风险等级	风险描述	风险区域	区域色别
Ⅰ级	低度风险	试验区	蓝色区域
Ⅱ级	中度风险	材料堆放区、沉淀区	黄色区域
Ⅲ级	高度风险	拌和作业区、车辆行驶区域	橙色区域

⑥拌和厂沉淀池、施工水池上部宜采用钢筋网覆盖,四周应设置1.2m高防护栏杆及警示牌,水池内部应进行防水处理,避免因渗漏导致基坑垮塌,如图4-47所示。

图4-47　拌和厂沉淀池

⑦罐体上应设置钢护笼爬梯,基础外侧应设置防撞设施,表面涂刷警示标志,防止机械设备碰撞。

⑧拌和楼出料口距混凝土运输车上方净高不小于1m,两侧立柱距车辆净宽均不小于0.5m,立柱前方设置防撞设施。

⑨料仓棚立柱由混凝土隔墙包裹,柱脚与预埋件连接牢固,宽度及高度应满足机械设备最小作业空间要求。

⑩料仓墙体外围应设置警戒区,警戒距离不宜小于墙高的2倍。

⑪沥青拌和楼作业时,当自动点火设备连续两次点火不成功时,严禁继续点火,应立即停机并派专人检查。

⑫作业人员在沥青拌和设备周边操作、检查时,应注意避让高温管道、炉罐,防止灼烫。

⑬搅拌作业时,主楼15m范围内严禁非工作人员走动,罐车司机应规范操作,听从搅拌手鸣笛指挥。

(15)预制厂。

①混凝土构件预制厂宜采用封闭式管理,场地内宜按办公区、生活区、制区、存区、构件加工区域、废料堆放区等科学合理设置,如图4-48所示,预制厂应设置视频监控系统。生活区应与其他区隔开,生活区应参考项目部生活区建设。

图4-48 T梁预制厂

②预制厂的一般行车道路硬化设置要求为下层应基土夯实,中层不小于15cm厚片(碎)石垫层,上层不小于15cm厚C20混凝土;所有场地硬化设置要求为下层应基土夯实,中层不小于15cm厚片(碎)石垫层,上层不小于10cm厚C15混凝土。

③预制厂周边存在边坡时,应提前进行安全防护,设置排水设施。

④预制厂内钢筋加工区、预制区和材料存储区应分开规划,形成流水作业,门式起重机移梁时严禁通过制梁区域。

⑤门式起重机轨道基础应采用钢筋混凝土现浇,钢轨应采用钢压板固定,其间距根据计算确定。同一截面内两平行轨道顶面的相对高差不应大于5mm。

⑥轨道接头位置错开的距离不应小于门式起重机前后轮的轮距。接头宜采用鱼尾夹板连接,接头高低差及侧向错位不应大于1mm,间隙不应大于2mm。

⑦为防止门式起重机啃轨,轨道不宜设置为曲线;受条件限制必须设置为曲线时,曲

线半径的矢跨比不得大于1/2000,并设置相应的同步转向装置。

⑧为防止门式起重机纵向滑移,轨道不宜设置纵坡;必要时纵坡坡率不应大于1%。

⑨作业现场应预埋地锚,大风雷雨天气时应采用缆风绳将门式起重机与地锚连接牢靠。

⑩预制梁安设钢筋、模板及浇筑、养护混凝土等作业时,上下梁体应采用专用爬梯,如图4-49所示。

⑪预应力张拉作业、量测伸长值或挤压夹片时,沿千斤顶顶力作用方向不得站人,以防预应力断筋或锚具、夹片弹出伤人,且在两端设置张拉挡板,如图4-50所示。

图4-49 上下梁专用爬梯　　　图4-50 T梁张拉安全防护挡板

⑫存梁区的枕梁应视地基承载力情况适当配筋,台座尺寸应满足使用要求。用于存梁的枕梁应设在离梁两端面各50~80cm处,且不影响梁片吊装,支垫材质应采用满足承载力要求的非刚性材料。

⑬T梁禁止叠放,箱梁叠放不应超过2层,空心板梁叠放不应超过3层;梁体端头两侧设置临时支撑固定,并预留不小于1m的人行通道。

⑭为防止门式起重机脱轨,50t以下门式起重机行驶速度不应大于20m/min,50t以上门式起重机行驶速度不应大于15m/min。门式起重机使用过程中应控制主钩提升速率,一般不得超过10m/min。

⑮梁板吊放时,吊具的钢丝绳与梁板接触部位应设置卡槽和衬垫,防止梁板磨损、崩角及钢丝绳磨损。

4.4.2 施工便道

(1)施工便道,是指在道路修桥施工过程,为保证原道路的畅通,需架设一座临时便道或便桥,以方便交通。

（2）施工便道应根据运输荷载、使用功能、环境条件进行设计和施工，不得破坏原有水系、降低原有泄洪能力，并应符合下列规定：

①双车道施工便道宽度不宜小于6.5m。

②单车道施工便道宽度不宜小于4.5m，并宜设置错车道，错车道应设在视野良好地段，间距不宜大于300m。设置错车道路段的施工便道宽度不宜小于6.5m，有效长度不宜小于20m。

③施工便道应根据情况设置"非施工车辆禁止通行""请减速慢行""施工便道减速慢行""危险地段注意安全"等标志，如图4-51所示。

图4-51 施工便道

④路拱坡度应根据路面类型和现场自然条件确定，并应大于1.5%。

⑤施工便道路面厚度为不小于20cm的砂石或泥结碎石等材料硬化。各场（站、区）、重点工程施工等大型作业区，进出场的便道200m范围应进行硬化。

⑥施工便道应根据需要设置排水沟和圆管涵等排水设施，排水沟沟底宽度和深度不小于30cm，以确保排水通畅。

⑦施工便道在急弯、陡坡、连续转弯等危险路段应进行硬化，并根据需要设置防护设施。

⑧施工便道的转角、视线不良地段应设置广角球面镜；临水、临崖的，应设置水泥隔离墩或防护栏杆，并刷红白漆相间警示色；跨越施工道路、站区、办公区、生活区的，在路口及转弯处应设置防撞柱、防撞墩等。

⑨施工便道穿越电力架空线路时，施工便道与架空线路之间的安全距离应符合现行《施工现场临时用电安全技术规范》（JGJ 46）的有关规定。

⑩施工便道中易发生落石、滑坡等危险路段应根据需要设置防护设施。

（3）施工便道与既有道路平面交叉处应设置警示标志，有高度限制的应设置限高架。

（4）施工便桥应根据使用要求和水文条件进行设计，并应设置减速慢行、限宽、限速、限载等标志，建成后应验收。通行便桥两侧每隔10m距离设置一道警示灯。

（5）人车混行的便桥宽度不应小于4.5m，若便桥长度超过1km，应适当增加宽度。

（6）施工便桥两侧应设防护栏杆，并刷红白漆相间警示色。桥面应具有良好的防滑性能，出入口应设置减速带，钢质桥面应设防滑条。

（7）便桥应执行"设计—审批—制作—安装—验收—投入使用"的程序，同时应定期养护。

4.4.3 交通管制

（1）交通组织方案

路面施工前，应编制交通组织方案，明确领导组及其职责、施工车辆类型与数量、材料运输路线、（主线、匝道、桥梁、隧道）施工交通组织形式、交通安全设施的类型与数量等内容。

建设单位应牵头成立交通组织管理督导组，涵盖监理单位、施工单位，负责综合协调交通组织管理，以及相关审核批准等事项。

对于施工路段通行，应实行通行证交通管制，本路段的施工单位负责对有通行需求的单位发放证件，证件上注明通行单位和车牌号等关键信息，无证车辆禁止通行，这样可明确通行安全责任单位和责任人。通行证模版如图4-52所示。

图4-52　车辆通行证

（2）交叉路口管理

①施工单位合同段内长期使用的路口应进行总体规划，将不使用的路口全部封闭。路基、绿化、交安、机电、房建等施工单位要开通临时施工便道，应向督导组报备，经审核同意，按要求在临时施工便道、乡村交叉口设置路卡，并配专人管理，如图4-53所示。

图 4-53　临时便道口管理示例图

②路面各施工单位在合同段首尾设卡并上锁,安排专人管理,除持"车辆通行证"车辆外,其他车辆不得通行。

③因路基单位横向通道、天桥未完成,社会车辆、行人需横穿路基时,路基单位在路口处设置警示、告知标牌,在跨路通行两侧设置路卡专人管制,只准横穿,不准纵行,互通、匝道、跨线施工应设置安全警示标志。

④路面施工单位每 1~3km 划分为一个片区,设置一名交通管制人员,负责片区交通管制及安全设施维护等工作,并配备交警式电动车、对讲机,佩戴交通巡查员袖章。

(3) 限速管理

①全线设置路障限速,必要时,行车道限宽 3.5m,并设置反光水马进行引导,路障设置交通限速警示标牌、限速标志。

②应结合路基工程、路面工程的施工进度情况及线形情况,分为行车路段、特殊路段、作业路段,对不同路段进行不同的限速管理,如行车路段限速 40km/h,桥梁、涵洞、隧道等特殊路段限速 30km/h,作业路段前后 300m 内,限速 20km/h。

(4) 人车分离管理

①全线路面实行车辆半幅通行时,限行的半幅只允许作业人员通行,端头处设置水泥墩封闭,设置道路导向标志、限速标志和爆闪灯;通行半幅若双向行驶,可在道路中间设置锥桶、水马等隔离设施,设置道路指示标志,遵守靠右行驶的交通规则。

②在施工区前方第一个路口处,设置爆闪灯、"车辆出入减速慢行"及"路面施工,无关车辆请绕行"标牌,施工区后方第一个通行路口处设置"前方施工禁止通行""太阳能 LED 屏车辆方向指示牌"、爆闪灯等安全设施,并在指示标牌后方设置水马进行

封闭隔离。

③路面施工作业,在不作业半幅设置隔离区,供人员通行,前后300m范围,禁止停放车辆,做到人车分离。

(5)执勤管理

路口设岗全天值勤,落实"通行证"措施。所有使用的施工便道路口设置岗亭、门禁,安排专人值守,实行双人双班制,按照安全施工标准化要求设置爆闪灯、警示牌、防撞墩、临边等警示标志。

(6)路面铺设完成路段安全管理

除了出入路口要实行上述的安全管理要求外,还应在路面设置减速设施(如锥桶、减速标志等),夜间设置示警灯并加强沿线安全巡逻,从而避免安全事故的发生。

5 改扩建交通组织设计与管理

5.1 改扩建工程交通组织方式

改扩建工程交通组织是指在改扩建施工期间,依据相关法律法规和技术标准,综合运用工程技术与管理手段,遵循"统筹规划、兼顾长远、注重实效、指标合理、节约资源、绿色环保、科学组织、安全实施"的总体原则,在改扩建工程顺利实施的同时保障交通流安全、通畅。改扩建工程交通组织是一项复杂的系统工程,从全局的角度来看,审批是保障,技术是核心,协调是关键,管理是基础。

5.1.1 交通组织设计的原则

(1)保障工程顺利实施

交通组织设计的首要任务是确保改扩建工程的顺利进行。这要求在设计阶段充分考虑工程施工需求,包括施工区域的划分、施工流程的安排、施工材料的运输与存放等,为工程施工提供必要的交通条件和安全保障。

(2)降低运营路段的影响

在保障工程施工的同时,交通组织设计需兼顾高速公路的正常通行需求。通过合理设置临时车道、调整交通标志标线、优化信号控制等措施,最大限度减少施工对既有交通流的影响,确保过往车辆的安全顺畅通行。

(3)科学性与可操作性

交通组织设计应遵循科学性的原则,基于充分的交通调查和数据分析,制定符合实际情况的设计方案。同时,设计方案应具备高度的可操作性,便于施工人员和交通管理部门快速理解和执行,确保设计意图的有效落实。

(4)安全有序

安全是交通组织设计的生命线。设计时应充分考虑施工期间的交通安全问题,设置完善的安全防护设施和警示标志,明确交通流线,确保施工人员、过往车辆和行人的安全。同时,通过科学合理的交通组织,维护交通秩序,减少交通冲突和拥堵。

(5)经济环保

在追求工程效益的同时,交通组织设计应注重经济性和环保性。通过优化设计方案,减少不必要的资源浪费和环境污染,如合理选用施工材料和施工方法,加强扬尘和噪声控制等。同时,考虑长期经济效益,确保改扩建工程的经济合理性和环境友好性。

(6)动态调整

由于高速公路改扩建工程受多种不确定因素影响,如天气变化、政策调整、施工延误等,交通组织设计需具备动态调整的能力。根据实际情况及时调整设计方案和交通管理措施,确保施工期间交通组织的有效性和适应性。

5.1.2 交通组织方案

在进行改扩建工程之前,应该先制定详细的交通组织方案,并经过相关部门(如路政、交管)的批准。任何对方案的修改都需要经过交通管理机构的认可。这样可以确保施工期间的交通安全和顺畅。建立改扩建工程施工路段交通组织方案具体步骤如图5-1所示。

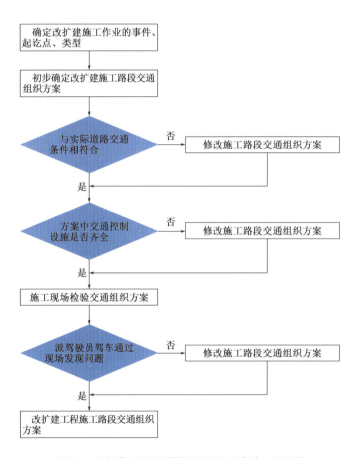

图5-1 改扩建工程施工路段交通组织方案建立流程图

在改扩建工程中,常用的施工方式有单侧加宽、双侧加宽和分离式加宽。下面将对这些改扩建方式相应的交通组织方案进行详细分析和探讨。

(1)单侧加宽施工交通组织方案

单侧加宽,即保持原有路基不变,紧邻其一侧修筑新的路基,使得道路的横断面符合要求。为了改变交通流的方向，交通组织可以封闭作业区所在方向的所有车道，并在中央分隔带设置紧急开口供车辆绕行。这样一来，来往车辆就可以在对向车道范围内双向行驶，实现了原有公路的"半幅双向通车，半幅封闭施工"。这种交通组织方式有很多优点。首先，它能够最大限度地减少施工作业和交通流之间的干扰因素，从而合理缩短施工工期。此外，在双向八车道或交通量相对较小的双向四车道高速公路中或大型桥梁结构物等专项改扩建工程中，也可以采用这种方式。值得注意的是，在进行大型桥梁结构物等专项改扩建时，为了避免过往车辆对桥梁的冲击振动对施工质量产生影响，我们应尽量采取单向封闭施工的交通组织方式。这样一来，不仅可以合理缩短工期，还能最大限度地减少对车辆的影响。

(2) 双侧加宽施工交通组织方案

双侧加宽，即保持原有路基不变，紧贴原路基两侧边坡进行填筑，修建出新的加宽部分。这种施工方式可以使新路的顶面横坡与原路保持一致。与单侧加宽相比，双侧拼接加宽对公路的交通影响较大。在施工过程中，我们将作业区按道划分，并在不改变交通流方向的前提下，采用"半幅范围内部分车道封闭施工，其余车道通行"的交通管制方式。这种方式只对施工作业区所在方向的交通流进行管制，不会对对向行驶的交通流产生任何影响。这种交通组织方式的优点在于最大限度地减少了对交通流的管制时间和范围。然而，也要注意到，在施工作业和同向交通流之间存在一定干扰因素。由于施工作业面受到限制，施工工期较长，并且给安全、组织和管理等多个方面带来了一些困难。因此，对于工程范围较小、工期较短的改扩建项目，我们可以采取这种交通组织方式，以尽量减少对交通流的管制。

(3) 分离式加宽施工交通组织方案

分离式加宽，即在现有高速公路的一侧或两侧适当位置新建 1 条双向公路或 2 条单向公路，与原有路段一起构成多车道的高速公路。通过这种方式进行改扩建，对原有的公路影响较小，可以继续保持交通流畅。

在确定具体的交通组织方案时，需要考虑不同方案的优缺点以及适用情况。根据实际情况进行综合比较分析，并根据具体地理环境提出合理的交通组织方案。在保证工程质量的同时，充分利用现有道路资源，确保车流安全顺畅运行。

5.1.3 交通组织管理

交通组织是一项综合性极强的工作。交通组织技术与管理保障任务涉及的内容非常多，而每项任务又取决于多个影响因素。这些影响因素可以分为宏观因素和微观因素。

在宏观层面,政策法规导向、经济发展水平等因素都对交通组织产生根本性影响;在微观层面,需要深入考虑施工条件、路网条件、道路交通状况、环境条件制定交通组织设计方案;而在管理过程中则需要考虑各相关单位的组织水平、人员素质等因素,方能达到管控目标;此外,还需要时刻准备应对突发紧急事件。影响高速公路改扩建工程交通组织的各类因素见表 5-1。

高速公路改扩建工程交通组织影响因素　　　　　　　　　表 5-1

影响因素类型		影响因素	影响作用
宏观因素		政策支持、法律法规、经济发展水平、社会认知、技术标准、科技发展水平	(1) 政策法规对于实施交通组织具有导向性作用。 (2) 经济发展水平和社会认知客观上决定着交通组织的经费投入。 (3) 技术标准决定了交通组织设计强制性,科技水平决定了方案的实现程度
施工条件		施工强度、施工设施、施工方法及工序	(1) 施工强度决定了施工设施、人员、施工车辆运行密度,也会影响制定交通组织设计方案的难度。 (2) 采用不同的施工设备、施工方法及工序,道路占用情况有差异
道路交通环境影响	道路因素	周边路网情况;道路视距、宽度、坡度等几何条件特征;路面条件	(1) 区域路网结构、道路通行能力、绕行距离等因素对于路网分流交通组织方案极为重要。 (2) 道路视距、宽度、坡度几何条件对于施工作业区及临时交通安全设施设置有影响。 (3) 道路宽度、坡度和路面条件等因素还影响道路通行能力
	交通因素	交通量、交通构成、驾驶员因素	(1) 交通量、大型车辆比例、驾驶员对道路的熟悉程度等因素,对于施工作业区车道数、车道宽度、开口大小、临时交通安全设施设置乃至分流方案的制定非常重要。 (2) 此外,大型车辆和驾驶员因素还影响道路通行能力,间接影响交通组织方案
	环境因素	气候条件、季节、昼夜,路域周边用地情况	(1) 不同气候、季节、昼夜条件下应设置相应的临时交通安全设施。 (2) 周边若是人口聚集区域,则更需要注意人、牲畜、车辆的穿越
组织管理		组织机构、工作机制、管理制度、经费保障、人员水平	组织管理因素决定了管控的执行效果,也决定了需要进一步采取的管理机制和举措
紧急事件	自然灾害	大风、雨、雪、冰雹、雾、沙尘	(1) 自然灾害、事故,其他突发事件决定了应急预案的类型、等级及启动;也决定了临时交通管制方案。 (2) 恶劣天气下应有针对性地设置临时交通安全设施。 (3) 恶劣天气还影响着道路通行能力
	事故灾难	交通事故、火灾事故、危险品事故、机械事故	
特殊事件	节假日	节假日堵塞	节假日交通需求决定了分流方案的制定和启动

5.1.4 交通组织的应急管理

改扩建工程交通组织中还可能遇到一些特殊情况,这些特殊情况包括恶劣天气条件、交通事故等,需在交通组织工作管理中予以区别对待,制订相应的应急预案并开展应急管理,主要包括事件预警管理和应急处置。解决施工期间可能出现的车辆滞留或拥堵问题,提供畅通、安全的行车环境。

(1)突发事件分类

按突发事件性质分类,影响改扩建工程交通组织的突发事件包括自然灾害和事故灾难等。

①自然灾害主要包括台风、暴雨、雾天、雷击、大雪、沙尘、冰雹等气象灾害,以及因台风、暴雨造成高速公路(桥梁、隧道)水毁、滑坡、塌方、坍塌等地质灾害。

②事故灾难主要包括道路交通事故、危化品事故、火灾事故、机械事故。

(2)应急管理组织机构

应急管理组织机构是指由建设单位、施工单位、监理单位、运营单位、交警、路政等组成联合指挥部,下设应急领导小组。

①领导小组。

针对施工期间因突发事件造成的车辆滞留或交通拥堵问题,成立由工程建设单位、监理单位、施工单位项目主要负责人为成员的领导小组。领导小组下设应急办公室,受领导小组的委托具体负责启动与终止应急预警状态和应急救援行动。同时,作为项目施工期间的日常应急管理机构,负责审定突发事件应急预案,监督应急预案的实施,组织各施工单位进行应对车辆拥堵应急知识和技能的学习与培训,对各施工单位应急组织或机构进行业务指导和工作监督,协调、落实项目施工期间的防堵保畅工作。

②应急工作组。

应急工作组在领导小组响应启动或实施高速公路交通突发事件预警状态和应急行动时自动成立,在领导小组统一领导下具体承担防堵保畅应急处置工作。应急工作组一般分为现场处置组、后勤保障组、施工现场安全维护组和信息报道组等4个小组。

(3)突发事件预警

突发事件预警是指对高速公路运行状态及运行环境进行动态监控,收集信息和数据,分析突发事件的影响因素、产生机理及分布特征,判断交通运行是否安全。当发现危险或异常情况时,及时发出预警信息,为启动预案提供决策依据。

①预测、预警信息。

高速公路改扩建工程施工期间,不同类型突发事件的预警信息包括重大恶性交通事故影响信息,环境污染事件影响信息,气象监测、预测、预警信息,高速公路损毁、中断、堵塞信息。

②预警分级及应急响应。

根据对高速公路交通秩序的影响,结合高速公路改扩建工程实际,将突发事件发生的影响程度分为4级预警,分别为Ⅰ级预警(特别严重)、Ⅱ级预警(严重)、Ⅲ级预警(较重)、Ⅳ级预警(一般),依次用红、橙、黄、蓝颜色表示。工程建设单位按应急预案启动要求,做好项目各参建方的协调、监督管理工作。

应急响应按照"统一领导、分级负责"的原则,由施工单位统一组织实施应急响应工作,根据需要可借助应急联动指挥平台统一行动,及时启动相关应急预案。

(4)交通事故应急处置与交通组织预案

①交通事故应急处置。

交通事故应急处置是在发生重大交通事故时,立即启动预案,统一指挥和调配相关部门的救援人员、救援物资,迅速有序地开展清障、疏通、医疗救援、消防及其他救援活动,并对整个救援过程进行实时监控和指挥调度,及时掌握信息并调整方案。

②交通事故下的应急交通组织预案。

高速公路改扩建工程在发生交通事故的情况下,会因为事故车辆占据车道而引起交通堵塞,从而对施工区交通组织产生影响。为保障改扩建期间道路通畅及通行需求,需在发生交通事故时进行应急交通组织。

当交通事故损失较小,未引起交通堵塞情况之时,只需对事故车辆及人员进行必要的转移,无须考虑分流和交通组织。此外,部分时段因大型设备调度、作业高度增大等原因会采取限制硬路肩停车或封闭一个车道等措施,但此类情况只是短时间内的封闭,而且是在交通量小的情况下进行,无须改变交通组织方案。当交通事故引起交通堵塞情况时,需根据具体情况封闭车道,进行应急交通组织。

(5)其他事件应急处置

其他事件应急处置主要包括危险化学品泄漏事故应急处置、火灾事故应急处置、桥梁中断应急处置、恶劣天气应急处置等。施工单位及各相关单位应按照实际情况开展相应的应急处置工作。

5.2 交通导改的组织方案及措施

5.2.1 组织方案

在进行道路交通导改过程时,一个合理的组织方案是确保施工顺利进行的基础。一

般情况下,制定组织方案应包括以下几个方面内容:

(1)明确目标与任务

在方案制定阶段,应明确高速公路改扩建工程交通导改的目标和任务。具体包括:确保施工期间道路畅通和交通安全,尽量减少施工对交通的影响,确保施工进度和质量符合要求。

(2)制定实施步骤与时间表

根据目标和任务,制定详细的实施步骤和时间表。包括:交通调查和分析、方案设计、方案评审与修改、方案批准和实施等阶段。每个阶段的时间节点和具体责任人应明确。

(3)确定人员与职责

成立专门的交通导改实施小组,明确各成员的职责和分工。小组负责人应具备丰富的交通导改经验和管理能力,成员应包括工程技术、安全、环境保护等方面的专业人员。

5.2.2 安全措施

在施工过程中,安全是至关重要的。以下是一些常见的安全措施:

(1)安全教育培训

对所有参与交通导改的作业人员进行安全教育培训,确保作业人员了解和掌握施工过程中的安全操作规程、应急处置方法等。对于特种作业人员,必须持证上岗。

(2)设备与物资准备

根据交通导改方案,准备所需的设备和物资包括:交通标志、标线、护栏、警示灯等设备,以及施工所需的材料和工具。确保设备和物资的质量和数量满足施工要求。

(3)危险源识别与防控

对交通导改过程中可能出现的危险源进行识别和分析,制定相应的防控措施。例如:针对道路交通事故多发区域,应加强现场监管和警示,从而提高驾驶员的注意力。

(4)应急预案制定

针对可能出现的紧急情况,应制定应急预案。包括:交通事故、自然灾害、设备故障等方面的应急处理措施。明确应急响应程序、紧急联系人、通信设备等事项。

(5)安全检查与整改

对交通导改施工现场进行安全检查,发现问题及时整改。建立安全检查记录和整改台账,确保问题得到及时有效的解决。

5.2.3 导改实施

(1) 明确导改措施与标准

在实施交通导改前,应制定明确的导改措施和标准。包括:交通组织方案、施工流程、安全操作规程等方面的规定。同时,应与相关部门和公众进行充分的沟通和协商,确保导改方案得到认可和支持。

(2) 发布公告与标识

在实施交通导改前,应通过媒体、公告牌等方式发布公告,提前告知公众导改措施和注意事项。同时,应在施工现场设置明显的标识和警示牌,提醒过往车辆和行人注意安全。

(3) 路段封闭与警示

在实施交通导改过程中,应对施工路段进行封闭和警示。可根据需要设置护栏、隔离带等设施,确保车辆和行人不会误入施工区域。同时,应合理设置警示灯、指示牌等设施,提醒驾驶员注意交通安全。

(4) 路段监管与巡逻

在交通导改实施过程中,应对施工路段进行监管和巡逻。安排专人对施工现场进行管理,确保施工过程中的安全和秩序。同时,应对交通流量进行监控,及时处理交通拥堵等问题。

5.2.4 安全监控

(1) 安全设施安装与维护

在交通导改过程中,应合理设置安全设施。包括:路灯、反光标识、警示牌等设施。定期对安全设施进行检查和维护,确保其完好有效。如发现损坏或失效的设施,应立即进行维修或更换。

(2) 视频监控系统运行

在交通导改过程中,安装视频监控系统对施工现场进行实时监控。通过对监控画面的分析,可以及时发现安全隐患和不规范行为,以便采取相应的措施加以纠正。同时,监控记录还可以作为事故调查和责任追究的依据。

(3) 事故多发区域警示

针对交通事故多发区域,应采取特别的警示措施。例如:在事故易发、易堵路段设置明显的警示牌、减速带等安全设施(图5-2),在极易出现团雾的路段装设雾区诱导防撞系统（图5-3），来提高驾驶员的警惕性，从而有效避免交通事故的发生。

图5-2　易堵路段安全设施设置　　　　　　图5-3　雾区诱导防撞系统

5.3 交通组织管理与协调

交通组织方案落实过程中实施过程管理、各单位之间的协调机制和方案审批（报备），对于保障交通组织方案科学合理并能顺利实施具有重要的作用。

5.3.1 交通组织管理

改扩建工程交通组织管理是确保工程顺利进行的关键环节。交通组织管理的具体内容应包括但不限于以下几个方面：

（1）施工组织规划

在改扩建工程中，合理的施工组织规划是保障交通流畅性的关键。首先，应明确施工区域的范围，依据工程规模和施工内容，合理规划施工区域，并设置明确的边界标识。其次，要制定详细的施工计划，包括施工时间、地点、方式等，并按照施工计划合理安排施工队伍和设备。同时，还需建立完善的施工管理制度，明确各级管理人员和施工人员的职责，确保施工过程中的组织协调和管理。

（2）交通流量分析

在进行改扩建工程前，应对交通流量进行详细的分析和预测。通过对施工区域的交通流量进行调查，了解车流量、车型、行车速度等基本情况，为后续交通组织提供基础数据的同时，还需对相邻道路的交通状况进行分析，以便在施工期间合理分流车辆，减轻交通压力。

(3)施工区域隔离

为了保障施工区域内的交通安全和施工顺利进行,需要对施工区域进行隔离。可以使用路障、隔离带、警示灯等设备将施工区域与行车区域隔离开来,以避免车辆进入施工区域造成安全事故。同时,还需在施工区域周边设置警示牌和指示牌,提醒驾驶员注意交通安全。

(4)道路通行能力协调

在改扩建工程施工期间,需要对道路通行能力进行协调。一方面,应加强道路巡逻力度,及时发现并解决道路交通拥堵等问题。另一方面,可以采取相应的交通管制措施,如限制车速、禁止超车等,以保障交通流畅性和安全性。

(5)安全警示与提示

为了保障交通安全,需要在施工区域周边设置相应的安全警示与提示标志。这些标志应包括警告、禁令、指示等类型,并且要针对不同的施工内容和交通状况进行设置。例如,在桥梁施工区域应设置限载、限速等标志,在交叉口应设置转向标志等。此外,还需加强现场安全宣传和教育,提高驾驶员的安全意识和自我保护能力。

(6)交通疏导与应急

在改扩建工程施工期间,需要对交通进行疏导和应急处理。一方面,应通过监控系统对交通情况进行实时监测和分析,及时发现并解决交通拥堵等问题。另一方面,在遇到突发事件或交通事故时,应迅速启动应急预案,采取相应的救援和处理措施。同时,还需加强与交警等相关部门的沟通和协作,共同应对交通问题。

(7)信息发布与沟通

为了保障交通信息的及时传递和沟通,需要建立完善的信息发布与沟通机制。一方面,应通过媒体、网站、交通广播等多种渠道发布实时交通信息,包括交通状况、施工情况、路况预测等。另一方面,还需建立与驾驶员和相关部门的沟通渠道,及时了解驾驶员的需求和意见,并采取相应的措施解决问题。

(8)监控与评估

为了保障改扩建工程交通组织管理的效果和质量,需要对整个过程进行监控和评估。一方面,应通过监控系统对交通组织和施工过程进行实时监控,及时发现并解决问题。另一方面,还需定期对交通组织管理效果进行评估并总结经验教训,不断完善和优化管理措施,为后续的工程实施提供参考。

5.3.2 交通组织协调机制

建立协调机制是指通过协调目标、协调单位(部门)、协调事务、协调手段等要素的有机结合，按照一定的程序和要求，加强各主体之间的沟通协作，充分发挥各主体的优越性，获取因协同效应而带来的综合绩效，达成预期目标。

在高速公路改扩建工程中，应建立交警、路政、运营、建设、施工等单位之间的联勤联动机制，统一标准，联合行动，全面提升交通组织管理水平，有效防范和坚决遏制重特大交通安全责任事故，及时处置各类应急突发事件，高效疏导通行路段车流，有效减缓施工路段通行压力，保障施工顺利推进。

(1) 协调单位

在高速公路改扩建工程中，交通组织工作涉及的协调单位(部门)一般包括交警、路政、项目建设单位、标段施工单位、监理单位、高速公路运营管理单位等。由建设单位、施工单位、监理单位、运营单位、交警、路政等组成联合指挥部。

(2) 协调内容

为保障高速公路改扩建工程期间交通组织工作的顺利开展，必须采取一系列的措施和方法，加强协调沟通。协调涉及的工作包括应急及清障、应急演练、聘请交通协管人员、交通安全培训、交通组织宣传、交通组织方案评审、现场交通安全维护、交通分流、提供联合办公场地设备等。各协调单位(部门)应按照"统一标准、联合行动"的总体原则，认真履行各自职责，开展相关工作。

5.3.3 涉路施工(交通组织方案)报备、审批

交通组织方案既是涉路施工方案的重要组成部分，也是涉路施工审批过程中的重点审查内容之一。在审批过程中应遵守相关法律法规，合理制订审批流程，明确审批规则，保障实施方案科学合理规范。同时，应提高审批工作效率，使高速公路改扩建项目交通组织管理工作顺利开展，保证工程建设高效、有序地推进。

涉路施工审批、报备流程可分为中标人进场前报备、专项方案审批、施工进点审批及报备等。按照施工类型可分为应急车道封闭施工、单车道封闭施工、双车道封闭施工、半幅路面封闭施工及特殊路段施工(如跨线桥中墩、架桥施工、旧桥拆除、互通立交施工，桥梁和高边坡施工)等。

(1) 报备、审批事务

施工单位负责施工路段交通组织方案编制、报批和实施。同一标段实施同一类型涉路施工作业的，可根据实际需要逐项编制交通组织方案，可合并申请审批。审批单位在受理施工单位提交的审批材料时，应根据审批事项、内容予以快速办理，避免无故推迟、拖延。

涉及的管理机构包括工程建设单位及监理单位、运营公司、高管局及下属机构、交警。

施工单位在取得"涉路施工许可证"后,应根据施工作业内容分项、分类编制施工组织和交通组织方案,随工程进度准备相应审批资料,包括施工申请登记表及施工计划、施工交通组织方案及安全保障措施、现场安全管理负责人、施工人员和安全员的联系电话等。以上资料经监理单位审核后,呈报至工程建设单位相关管理机构审批,若涉及交通组织相关工作,还需报送材料至辖区运营公司、路政及交警部门审批,如因施工需要开设临时道口或修建临时通道,须按照高速公路管理规定办理相关手续。

(2)报备、审批流程

①涉路施工项目建设进场前报备。

项目建设单位整理施工行政许可及交通组织总体方案,报备到管辖路段路政处、交警支队、运营公司;进场施工前施工单位项目部提交相关资料,报备到管辖路段路政大队、交警大队、运营公司。

②非特殊工点施工前报备。

施工单位项目部按施工阶段编制施工进度计划,报备到管辖路段路政大队、交警大队、运营公司(或联合办公机构)。

③特殊工点施工前审批。

特殊工点工程包含:分离式上跨桥新建及拆除、现浇上跨桥新建及拆除、互通立交拆除、石质边坡爆破、新建主线桥导改、调坡路段涉路施工、单侧拼宽导改、路面拼接导改、沥青摊铺导改以及其他需要中断交通流或者改线改道的涉路施工项目。

④路产拆除报备及审批流程。

工程建设单位整理各标段运营公司路产移交清单,施工单位向工程建设单位报备路产拆除清单、阶段拆除计划表及拆除保障措施。拆除前施工单位应提交拆除申请表及保障方案至工程建设单位,工程建设单位现场核实并审批,施工单位向交警、路政报备拆除申请表,按审批表批复意见组织拆除。

(3)报备、审批要求

涉路施工审批应根据不同施工类型对应的占道时间、影响范围及影响程度,遵循相应的审批原则,提前向审批单位(部门)审批、报备,审批单位(部门)、提前报备的时间要求、现场疏导要求因施工类型不同而有所差异。

在涉路施工过程中,若发生未按要求有效疏导交通造成交通堵塞的情况,并对社会造成较大影响时,应按合同规定扣罚违约金。

5.4 施工与运营交互影响行车风险分析

在道路同时进行施工和运营时,我们需要认识到它们之间的互动关系,以便更好地评估行车风险。下文将对施工与运营的交互影响进行分析,并提供相应的解决方案。

5.4.1 施工与运营交互影响对行车的风险

在施工和运营过程中,两者之间存在许多相互影响和相互作用的风险因素。以下是施工和运营交互影响对行车风险方面的一些主要因素:

(1)施工区域安全措施不足

施工区域的安全措施是确保行车安全的重要保障。如果施工区域的安全措施不足,如未设置明显的施工标志、未安装安全护栏、未配备足够的警示灯等,可能导致车辆误入施工区域从而造成危险。

(2)施工计划与运营时刻表不协调

施工计划与运营时刻表的不协调是施工与运营交互影响的一个常见问题。如果施工计划没有充分考虑到运营时刻表,可能会导致在高峰期间进行施工,从而对行车造成干扰和危险。相反,如果运营时刻表没有考虑到施工计划,可能导致车辆拥堵,影响运营效率。

(3)施工工艺对既有设备产生干扰

施工工艺对既有设备产生干扰可能引发多种问题。例如,在隧道附近进行开挖、爆破作业,可能导致隧道的变形和损坏。另外,施工工艺对既有设备的干扰还可能引发设备故障,影响行车安全和运营效率。

(4)施工现场管理与维护不当

施工现场管理与维护不当可能导致设备损坏、环境污染等问题。如果施工现场缺乏有效的管理和维护,可能导致设备老化、损坏,从而产生安全隐患。

(5)工程材料堆放与使用

工程材料的堆放和使用不规范可能对行车造成影响。例如,在桥梁施工中,如果桥下堆放大量材料而没有采取相应的防护措施,可能导致桥下空间不足,妨碍车辆和行人通行。另外,工程材料的使用还可能产生噪声、尘土等污染,影响周边环境和行车安全。

(6)临时设施建设与使用存在安全隐患

临时设施建设与使用存在很多安全隐患。例如,在施工现场中,临时搭建的脚手架、支撑架等可能未经过充分的安全评估和测试,存在倒塌、断裂等风险。临时用电设施也容易引发触电等事故。这些安全隐患如不及时加以处理,可能对行车和人员安全造成威胁。

(7)信息沟通与反馈机制不健全

信息沟通与反馈机制不健全可能导致施工和运营之间的信息不对称,从而产生风险。例如在施工过程中,如果运营方无法及时了解施工进展和产生的影响,可能导致无法提前采取有效的应对措施,从而引发安全风险。如果反馈机制不健全,可能导致无法及时解决出现的问题,进而增加安全风险。

5.4.2 改进措施

为了降低行车风险并提高交通安全性,可以采取的方案如下:

(1)加强协调与沟通

施工和运营部门应加强协调与沟通,确保施工活动对道路运营的影响最小化。及时传达施工计划和交通管制信息,减少驾驶员的困惑和不适应。

(2)优化施工策略

在规划和执行施工活动时,应考虑对道路运营的干扰。合理安排材料堆放区域、设备占道时间以及人员进出路口等,并及时清理施工现场,减少行车风险。

(3)提供实时信息

利用科技手段提供实时交通信息,包括道路状况、施工区域和交通管制等。这样可以帮助驾驶员提前规划行程,避免潜在的风险。

(4)定期维护和修复

道路运营部门应定期检查和维护道路,及时修复损坏的路面和交通设施,确保道路状况良好,减少行车风险。

(5)安全培训教育

施工单位应加强对施工人员的安全培训教育,进一步提高施工人员的安全意识,从而避免安全事故的发生。

总之,在施工与运营之间存在着相互影响的关系。通过加强协调与沟通、优化施工策略、提供实时信息、定期维护和修复以及安全培训教育,可以有效地降低行车风险,提高交通安全性。

6

新技术、新设备、新管理

6.1 智慧监控与预警系统

6.1.1 高风险作业远程监控

(1) 全过程、全时段作业人员定位监控系统

全过程、全时段作业人员定位监控系统是一种集成了多种信息技术的先进安全管理系统,旨在确保隧道施工过程的安全,如图 6-1 所示。该系统的主要组成部分及其功能如下:

①隧道进出人员刷脸登记系统:利用人脸识别技术,实现对进出隧道人员的实时实名登记。通过刷脸识别,确保只有授权人员可以进入隧道,防止未经许可的人员进入。系统自动记录进出时间、人员信息等,为安全管理提供数据支持。

②隧道洞内作业人员定位系统:利用无线通信技术,实现洞内作业人员的实时定位。定位系统可以精确追踪每个作业人员的位置,确保在紧急情况下能够迅速找到并救援受困人员。通过定位数据,还可以分析作业人员的分布和移动轨迹,优化作业安排和安全管理策略。

③重点作业场所实时视频监控系统:在隧道的关键施工场所和重点部位安装高清摄像头,实现 24h 不间断视频监控。通过网络传输技术,将视频信号实时传输到监控中心,供管理人员远程查看和监控。监控系统支持录像存储和回放,便于事后分析和取证。

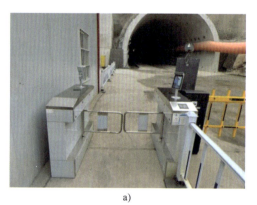
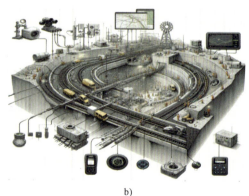

a)　　　　　　　　　　　　　　　　b)

图 6-1　定位监控系统

通过整合以上三个子系统,全过程、全时段作业人员定位监控系统实现了以下效果:

①实时性和效率性提升:系统能够实时采集、传输和处理数据,为管理人员提供及时、

准确的信息支持,帮助他们快速做出决策。

②安全管理水平提高:通过人脸识别、定位技术和视频监控等手段,系统大幅度提升了隧道作业的安全管理水平,降低了安全事故的发生概率。

③事故应对能力增强:在紧急情况下,系统可以迅速定位受困人员、调动救援资源,提高事故应对的效率和成功率。

④数据支持和追溯:系统记录了大量的进出人员信息和作业数据,为安全管理提供了宝贵的数据支持,也便于事后进行事故分析和责任追溯。

(2)北斗定位定向一体化终端系统

北斗定位定向一体化终端系统是一种集成了北斗高精度定位技术、惯性导航、障碍物识别以及多重安全设计等多种技术的先进施工辅助系统。该系统主要应用于沥青路面的摊铺和碾压工作,通过一体化的终端设备和操作系统,实现了智能化、信息化的施工过程,大大提高了施工效率和质量,如图6-2所示。

图6-2 北斗定位定向一体化终端系统

以下是北斗定位定向一体化终端系统的核心特点和优势:

①高精度定位与导航:利用北斗卫星导航系统的高精度定位技术,结合惯性导航,为摊铺机和压路机提供精确的位置和航向信息,确保施工过程中的准确性和精度。

②障碍物识别与避障:通过集成的障碍物识别技术,系统能够实时检测工作环境中的障碍物,并自动调整施工设备的路径,避免与障碍物发生碰撞,提高了施工安全性。

③多重安全设计:系统配备了多重安全设计,包括紧急制动、自动避障等功能,确保在异常情况下能够及时响应,减少事故发生的可能性。

④智能化、信息化施工:通过一体化的操作系统,实现对多台施工设备的集中控制和

监测,实现施工的自动化和智能化。同时,系统还能够实时记录施工数据,为施工质量评估和后期维护提供可靠依据。

⑤提高效率与节约成本:系统的应用能够减少人工干预,降低对施工人员的需求,同时提高施工过程的连续性和效率。据对比分析,使用该系统可以节约施工时间20%,减少施工人员15%,有效降低了施工成本和风险。

⑥减少质量安全隐患:通过精确的定位和导航,以及实时的数据监测和记录,系统能够帮助施工单位及时发现并处理施工过程中的质量问题和安全隐患,提高了施工质量和安全性。

(3)架桥机、塔式起重机的防倾覆监控

①在架桥机上安装防倾覆系统和风速仪,并通过感应装置实时监测梁板架设过程中的多个关键参数,是一种高度智能化的安全管理措施。这种系统能够大幅度提高施工过程中的安全性,减少人为错误和疏忽导致的潜在风险,如图6-3所示。

图6-3 架桥机的防倾覆监控

防倾覆系统主要用来监测和防止架桥机在作业过程中发生倾覆。通过实时监测架桥机的纵、横向水平坡度,系统能够准确判断架桥机是否处于稳定状态。一旦发现坡度超出安全范围,系统会立即发出预警,提醒操作人员采取措施进行调整,从而防止倾覆事故的发生。

风速仪用于实时监测作业现场的风速变化。桥梁施工中,强风会对架桥机抗倾覆稳定性产生不利影响,甚至引发安全事故。风速仪能够将风速数据实时传输到监控系统,一旦风速超过警戒值,系统就会发出预警,提醒操作人员暂停作业或采取避风措施。

感应装置是这套系统的核心部件之一,它能够实时监测梁板架设过程中架桥机的桁架变形量等关键参数。通过安装在关键部位的传感器,感应装置能够准确捕捉桁架结构的微小变形,从而及时发现潜在的安全隐患。这些数据的实时监测和记录,有助于管理人员了解架桥机的工作状态和性能变化,为安全施工提供有力保障。

整个系统通过数据异常预警机制来实现对作业安全的保障。一旦监测到的数据超出预设的安全范围,系统就会立即触发预警机制,通过声光报警、短信通知等方式提醒管理人员和操作人员注意。这种预警机制能够帮助人们及时发现安全隐患,防止事故的发生。

通过这套系统的应用,架桥机的作业过程可以实现无人值守。无须专人持续看护桥机状态,可以节省人力资源、提高施工效率。同时,由于系统能够实时监测和预警,作业安全性得到了大幅度提升。

②在建设行业中,塔式起重机作为重要的施工设备,其安全运行至关重要。因此,按照安全生产信息化建设的要求,安装塔式起重机安全监测系统是非常必要的,如图6-4所示。

a) b)

图6-4 塔式起重机的防倾覆监控

塔式起重机安全监测系统的功能在于实时监测塔式起重机运行过程中的多个关键参数,包括但不限于塔式起重机沉降变形量、外部环境风速、起重吨位和力矩、回转角度以及吊装幅度等。这些参数直接影响塔式起重机的稳定性和安全性,因此对其进行实时监测意义重大。

首先,对塔式起重机沉降变形量的监测可以及时发现塔式起重机基础的问题,预防因基础不稳而导致的塔式起重机倾覆等严重事故。其次,对外部环境风速的监测有助于在风力过大时及时采取措施,防止塔式起重机因风力过载而失控。同时,对塔式起重机起重吨位和力矩的监测能够确保塔式起重机在起吊重物时不超过其承载能力,防止超载引发的事故。此外,对回转角度和吊装幅度的监测则有助于操作员更准确地控制塔式起重机,避免与周围建筑物或设备发生碰撞。

通过网络实时将参数数据传输至信息化系统平台,可以实现对塔式起重机运行状态的实时监控和分析。这种实时监控不仅有助于及时发现和处理潜在的安全风险,还能为管理人员提供决策支持,优化施工方案,提高工作效率。

更重要的是,系统实时安全监测预警功能能够在塔式起重机出现异常情况时及时发出警报,提醒操作员和管理人员采取紧急措施,从而有效避免事故的发生或降低事故的损失。这种预警功能是基于对实时监测数据的分析和处理,通过预设的安全阈值来判断塔式起重机是否处于安全运行状态。一旦数据超过预设的阈值,系统就会自动发出警报,提醒相关人员采取应对措施。

总的来说,安装塔式起重机安全监测系统并通过网络实时将参数数据传输至信息化系统平台,可以实现对塔式起重机运行状态的全面监控和预警。这不仅保障了作业过程的安全可控,还提高了施工效率和质量,为建设行业的安全生产提供了有力保障。同时,随着技术的不断进步和应用范围的扩大,相信塔式起重机安全监测系统在未来会发挥更加重要的作用。

(4)边坡滑坡的监控位移系统

边坡滑坡的监控位移系统是一种重要的安全监测解决方案,它基于"安全监测工作永临结合"的理念,通过集成GNSS(全球导航卫星系统)边坡表面位移监测仪以及其他相关传感器和设备,实现对边坡滑坡的实时监控和预警,如图6-5所示。

a)

b)

图6-5 边坡滑坡的监控位移系统

以下是边坡滑坡监控位移系统的核心功能和特点:

①实时位移监测:通过在滑坡区域安装GNSS边坡表面位移监测仪,系统能够持续、准

确地监测边坡表面的变形情况,包括水平和垂直位移。

②数据分析与预警:对采集到的位移数据通过后台软件进行实时分析和处理。一旦位移量超过预设的安全阈值,系统会自动触发报警机制,通过声光报警、短信通知或邮件等方式向监测人员发送报警信息。

③趋势预测与风险评估:通过对长期监测数据的综合分析,系统可以预判边坡滑塌的态势,评估滑坡风险,为决策者提供科学依据。

④远程监控与管理:系统支持远程监控和管理,监测人员可以在任何地点通过互联网或专用网络访问系统,查看实时监测数据、报警记录和趋势分析报告。

⑤多设备集成与联动:系统可以集成多种传感器和设备,如降雨量计、土壤湿度计、温度传感器等,实现多参数的综合监测和联动分析。

⑥数据存储与查询:所有监测数据都会被安全存储在数据库中,支持历史数据的查询、导出和分析,为后续的科研和工程应用提供数据支持。

⑦保障行车与施工安全:通过实时监控和预警,系统能够及时发现边坡滑坡的潜在风险,为运营路段的行车安全及施工人员的人身安全提供有力保障。

(5)挂篮安全监控系统

挂篮安全监控系统是一种专门应用于桥梁施工过程中的安全监控解决方案。它利用物联网传感器技术和聚英物联网平台,对挂篮主体桁架及其相关部件的工作状态进行实时监测,从而确保施工过程中的安全,如图6-6所示。

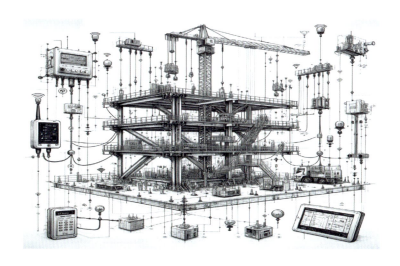

图6-6 挂篮安全监控系统

以下是挂篮安全监控系统的核心功能和特点:

①实时监测:系统通过部署在挂篮主体桁架、前滑移支座和后滑移支座上的物联网传

感器,实时采集环境风速、温湿度、倾角、行走距离、热点区应力状态以及关键区域位移数据。

②数据分析:采集到的数据通过聚英物联网平台进行处理和分析,生成可视化的监测报告和趋势图,帮助管理人员快速了解挂篮的工作状态。

③安全预警:当监测数据超过预设的安全阈值时,系统会立即触发安全预警机制,通过声光报警、短信通知或远程监控中心提示相关人员采取应对措施,从而防止安全事故的发生。

④远程控制:通过聚英物联网平台,管理人员可以实现对挂篮安全监控系统的远程控制,包括调整监测参数、查看实时监测数据等。

⑤数据存储与分析:所有监测数据都会被存储在系统中,并进行长期的历史数据分析。这对于优化施工工艺、提高施工安全水平以及后续项目的风险评估都非常重要。

⑥智能化管理:通过聚英物联网平台,管理人员可以实现对多个挂篮安全监控系统的集中管理,提高工作效率和管理水平。

⑦适应性强:挂篮安全监控系统可以适应不同的桥梁施工环境和要求,通过定制化的传感器配置和监测方案,满足特定的安全监控需求。

6.1.2 隧道施工安全系统

隧道施工安全系统是一个集成了地质超前预报、监控量测、监测数据信息化建设和多重分级报警机制的综合系统,旨在确保隧道施工的安全、高效和精准,如图6-7所示。具体内容如下。

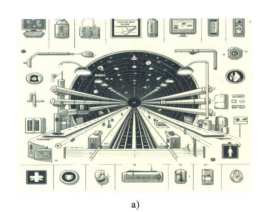
a)

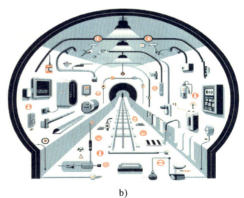
b)

图6-7 隧道施工安全系统

(1)地质超前预报:利用地质雷达、超前钻探、地震波等方法,对隧道掌子面前方的地质情况进行预测和评估,为施工提供必要的地质信息,预防地质灾害和突发事件。

(2)监控量测:通过布置在隧道周边的各种传感器(如位移计、应力计、应变计等),实时监测隧道施工过程中围岩的变形、应力状态等关键参数。这些数据对于判断隧道稳定性、优化施工工艺和预测潜在风险具有重要意义。

(3)监测数据信息化建设:通过建立信息化平台,将实时监测数据集成并进行分析处理,实现数据的可视化、智能化和远程控制。使隧道施工管理者可以随时随地了解施工现场的情况,及时作出决策和调整。

(4)远程自动采集与实时监测:隧道施工安全系统支持全天候远程自动采集数据,并能够实现24h实时监测。这种持续的数据获取和分析,为隧道施工提供了实时反馈,可帮助管理人员及时发现问题并采取应对措施。

(5)施工工艺与参数优化:根据实时监测数据和地质超前预报结果,判断隧道施工工艺和施工参数是否符合预期要求。如果发现偏差或潜在风险,系统可以及时提示施工人员调整施工工艺或技术参数,确保施工质量和安全。

(6)多重分级报警机制:当监测数据出现异常或超出预设安全阈值时,隧道施工安全系统会立即启动多重分级报警机制。这种机制可以通过声光报警、短信通知、邮件提醒等方式,将异常信息迅速传达给相关人员,以便他们迅速采取应对措施,避免或减少事故损失。

6.1.3 钉钉安全巡查系统

钉钉安全巡查系统是利用钉钉移动办公平台的定位功能,将日常的安全巡查工作数字化、智能化,使得安全管理员可以更有效地执行巡查任务,并且留下巡查的证据和记录,如图6-8所示。

钉钉安全巡查系统的特点与优势包括:

(1)定位跟踪:利用钉钉的定位功能,系统可以实时监控安全管理员的位置,确保他们按照规定的时间和路线进行巡查。这解决了"到不到位"的问题,提高了巡查工作的执行力度。

(2)拍照上传功能:当安全管理员在巡查过程中发现安全隐患时,可以通过钉钉安全巡查系统拍照并上传至系统。这样做能够即时记录安全隐患的具体情况,并且督促

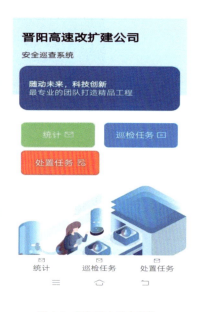

图6-8 钉钉安全巡查系统

相关责任人及时处理这些隐患。

（3）任务管理：系统可以制定巡查计划，分配巡查任务给安全管理员，并记录他们完成任务的情况。这样可以有效追踪和管理安全巡查工作的执行情况。

（4）数据分析与监管：通过收集巡查数据和安全隐患记录，系统可以生成相关报表和分析结果，为安全管理人员提供决策支持。同时，这些数据也可以作为监管部门对企业安全管理工作的考核依据。

（5）提高履职和监管能力：通过钉钉安全巡查系统，安全管理员可以更加高效地完成巡查任务，及时发现并处理安全隐患。同时，系统的数字化管理也提高了监管部门对企业安全工作的监管能力和效率。

6.2 涉路作业防闯入装备系统

6.2.1 导航发布系统

通过导航远端发布施工作业信息，可实现以下主要功能：

（1）基于智慧锥桶及导航平台，发布定制化语音提示信息，如图6-9所示。

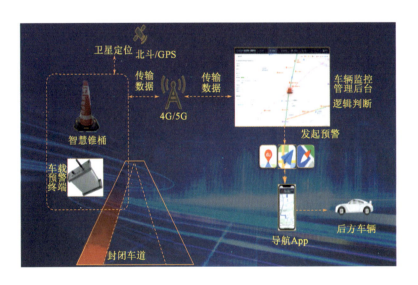

图6-9 施工作业信息导航发布系统

（2）通过高精度定位设备，提示驾驶员封闭车道位置信息，使驾驶员预判变道信息。

（3）智慧路锥与导航定制提示。

导航发布系统具备作业信息采集及信息发布功能。将作业信息通过导航系统,定向为作业区前"一公里处"和"五百米处"车辆语音播报作业信息,警示出行人员提前感知作业位置,合理避让。

6.2.2 线形轮廓增强设备

由于道路导改,车辆通行现场、施工现场交叉,现场作业区域复杂,应加强线形轮廓引导,尤其夜间车辆行驶的线形引导。同时考虑驾驶员夜间行驶辨识度低、疲劳驾驶等因素,易在行驶中造成辨别不清等情况,需增强新路线道路线形轮廓,减少原路线对驾驶员的影响。

通过增加自发光标识标志,提示驾驶员对路段的线形感知认知及视觉平顺性,防止碰撞护栏、误入作业区等事故的发生。

通过自发光标志增强道路线形轮廓,可实现以下主要功能:

(1)在夜间及阴天同步开启诱导灯,增强线形轮廓。

(2)为驾驶员提示变道方向。

(3)太阳能线形指示标识:布设于车道两侧,间距20m,每公里100个,提示道路线形轮廓,如图6-10所示。

图6-10 太阳能线形指示标识

(4)太阳能轮廓灯:布设于车道两侧,间距20m,每公里100个,提示道路线形轮廓,如图6-11所示。

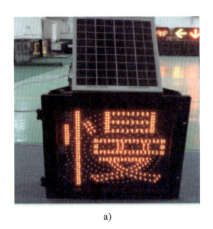 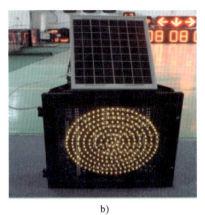

a) b)

图 6-11 太阳能轮廓灯

6.2.3 太阳能限速测速一体机

沿路增加速度检测及限速引导设备,加强有效的速度管控。同时分车型分车道进行速度管控,并对车辆违法行为进行监管曝光,规范驾驶员的安全驾驶行为。

建议在施工路段前或进隧道前进行布设,通过对车速的管控,从而有效防止安全事故的发生,如图 6-12 所示。

图 6-12 太阳能限速测速一体机

太阳能限速测速一体机主要功能包括：

(1) 提示管控路段的速度。

(2) 对超速车辆警示。

(3) 突发情况下,开启可变限速值。

（4）建议在车道中间布设，建议每公里设一个。

6.2.4 防闯入主动预警系统

预警系统由高精度雷达、爆闪 LED 灯、高分贝声波发声单元、视频摄像及手环组成。通过实时采集防护区域社会车辆的行驶速度、距离参数，基于设定的风险评估模型和阈值，发送声光警示信息，达到提示社会车辆感知养护作业现场信息，预防碰撞养护作业车辆和人员的目的。

防闯入主动预警系统：在施工区前端位置，可检测范围为 150m，有车闯入时通过声光向车主报警，用手环向作业人员报警，如图 6-13 所示。

图 6-13 防闯入主动预警系统

6.2.5 施工作业现场作业风险监控系统

施工作业过程中，严禁作业人员走出作业区域，同时通过对作业人员监管，加强作业人员的安全意识。施工作业现场作业风险监控系统具有对作业人员未戴安全帽、穿反光服、走出作业区等风险行为进行识别与语音警示的功能。

AI 智能监控设备：可独立、便携移动，实时监控作业现场，留存作业过程电子档案，同时对作业人员走出作业区、不戴安全帽、不穿反光衣等风险行为进行主动识别及现场警示，该设备通过太阳能补电。AI 智能监控设备如图 6-14 所示。

图 6-14 AI 智能监控设备

6.2.6 防撞被动安全技术

通过在作业区前端布设防撞缓冲装置,如防撞缓冲车,一旦有车辆闯入作业区,可有效降低车辆对作业人员及设备的伤害,如图 6-15 所示。防撞等级:100km/h,总质量在 12t 以上。

图 6-15　防撞缓冲车

6.3　机械化、自动化新设备

6.3.1　机械化设备

(1)高举升锚固钻机

在岩土工程施工中,钻孔作业至关重要。传统方法低效、人工操作,存在安全风险。针对这些问题,高举升锚固钻机的出现,以卓越的性能和高效的施工能力,推动了钻孔作业的革新,如图 6-16 所示。

图 6-16　高举升锚固钻机

高举升锚固钻机的特点：

①强大的爬坡能力：采用履带式底盘，适应各种地形和坡度，提升了施工效率。

②广泛适用性：配套麻花钻杆和三叶合金钻头，适用于各种岩层。

③高效钻孔能力：钻臂行程高度1.5~20m，日钻孔400~600m，远超传统方法。

高举升锚固钻机在施工过程中的优势：

①遥控操作：钻孔遥控操作，可保障人员安全，避免人员直接暴露于危险区域。

②施工进度提升：与传统方法相比，日进度提高100m，可显著加快施工进度。

③成本节约：施工人员减少2/3，降低了人工成本，提高了整体效益。

高举升锚固钻机作为先进的钻孔设备，不仅提高了施工效率，还极大提升了施工安全性。其遥控操作、高效率、低成本的特点，使其成为岩土工程施工中的首选设备，推动了施工行业设备的革新和发展。

（2）湿接缝台车

湿接缝台车是专为桥面湿接缝施工设计的专用设备，它解决了传统施工方法中使用钢丝绳手摇上拉模板费时费力的问题，显著提高了工作效率和安全性，如图6-17所示。

图6-17　湿接缝台车

以下是关于湿接缝台车的一些特点和优势：

①自动化吊装系统：湿接缝台车配备了移动式电动卷扬机，可以自动完成模板的吊装工作。这种自动化的吊装系统大幅缩短了模板的吊装时间，提高了施工效率。

②减少人工投入：使用湿接缝台车进行施工，可以显著减少人工投入。传统的手摇上拉方式需要多人协同作业，而自动卷扬机则可以实现单人操作，降低了劳动力成本。

③降低安全风险：手动操作钢丝绳进行模板吊装存在一定的安全风险，如操作失误、

疲劳等可能导致事故发生。而湿接缝台车的自动化吊装系统则可以降低这些风险,保障施工作业的安全。

④精确吊装定位:湿接缝台车配备了高精度的吊装定位系统,可以确保模板的精确吊装和定位,避免了因吊装误差导致的施工质量问题。

⑤易于维护和保养:湿接缝台车的设计考虑了维护和保养的便捷性,使得设备的维护和保养变得简单容易,延长了设备的使用寿命。

(3)防撞墙模板安装、拆除台车

防撞墙模板安装、拆除台车是一种专为桥梁防撞混凝土护栏施工设计的设备。与传统的钢模板安拆设备相比,该台车具有集吊装、作业平台和安全防护于一体的特点,能够显著降低施工作业的安全风险,提高施工效率和质量,如图6-18所示。

图6-18 防撞墙模板安装、拆除台车

以下是关于防撞墙模板安装、拆除台车的一些主要优势:

①快速精准安拆:防撞墙模板安装、拆除台车采用先进的机械和控制系统,能够实现快速而精准的模板安装和拆除。大幅缩短了施工周期,提高了施工效率。

②降低安全风险:该台车设计有完善的安全防护装置,如防护栏、安全网等,能够有效防止工人高处坠落和物体打击等安全事故的发生。同时,台车具有较好的稳定性和操控性,可确保施工过程中的安全。

③提高施工质量:通过台车的精准定位和稳定的吊装系统,可以确保模板的准确安装和拆除,避免了传统施工中可能出现的模板错位、变形等问题。这有助于提高防撞墙的施工质量,保证其平整度和垂直度。

④降低成本:虽然防撞墙模板安装、拆除台车的初期投资可能较高,但由于其施工效

率高、安全风险低、维护成本低等优点,长期来看可以显著降低施工成本。

⑤适应性强:该台车适用于不同规格和形状的桥梁防撞墙施工,通过调整台车的参数和配置,可以满足不同的施工需求。

⑥环境保护:防撞墙模板安装、拆除台车在施工过程中能够减少噪声和粉尘污染,对环境影响较小。

(4)门架式养护台车

门架式养护台车是一种专为隧道衬砌养护而设计的设备,它结合了多种功能于一体,不仅可以用于隧道衬砌的养护,还可以作为隧道检测平台使用,如图6-19所示。

图6-19 门架式养护台车

以下是门架式养护台车的一些特点和优势:

①结构设计:门架式养护台车由门架、操作平台、环向水管、喷头、水箱、行走轮等部分组成。这种结构设计使得台车既稳定又灵活,能够适应不同的隧道环境和养护需求。

②独立养护运行轨道:台车配置有独立的养护运行轨道,与台车行走分开。这意味着养护支架可以在台车上独立设置的轨道上自动行走养护,而台车本身则不需要移动。这种设计使得养护作业更加平稳、安全,避免了电缆、水管、风管等拖拽情况的发生。

③自动化养护:当台车行走至指定养护仓位后,可以启动自动养护功能。养护支架在台车上独立设置的轨道上自动行走养护,无须人工看守,大大提高了养护效率和质量。

④多功能性:除了养护功能外,门架式养护台车还可以作为隧道检测平台使用。这使得它在隧道施工中具有更高的灵活性和实用性。

⑤提高衬砌质量:使用门架式养护台车进行养护作业,可以显著提高隧道衬砌的质量。通过精确的养护控制,可以减少衬砌的缺陷和裂缝,提高衬砌的耐久性和使用寿命。

⑥减少人工劳动:门架式养护台车采用自动化设计,大大减少了人工劳动的强度。与传统的手工养护相比,使用台车进行养护作业可以节省大量的人力和时间成本。

⑦安全可靠:门架式养护台车的设计注重安全性和稳定性,通过精确的控制系统和稳定的行走机构,确保了在隧道中的安全使用。同时,它还可以帮助避免隧道中的安全隐患,如积水、落石等。

6.3.2　自动化设备

(1)混凝土边沟自动滑模机

混凝土边沟自动滑模机在边沟施工中的应用,为建设行业带来了革命性的变化。这种先进设备通过其独特的工作原理和优势,不仅大大提高了施工效率,降低了安全风险,还显著提升了工程质量,如图6-20所示。

图6-20　混凝土边沟自动滑模机

首先,该设备最大的优点在于其无须模板材料、人工支模和预制场地,这极大地简化了施工前的准备工作,并降低了对场地的要求。这种简化不仅节省了时间,还减少了因材料搬运和场地租赁而产生的成本。

其次,该设备具有高效的施工能力。仅需3人操作一台机器,日施工进度就能达到180m,相较于传统施工工艺,施工人数减少了2/3,而施工综合效率却提高了3倍。这意味着在相同的时间内,能够完成更多的工程任务,从而加快工程进度,提高了项目的整体效益。

6 新技术、新设备、新管理

此外,安全始终是施工中的首要考虑因素。由于混凝土边沟自动滑模机的自动化程度高,大大减少了人工操作的环节,因此作业安全风险得以显著降低。这不仅能够保障工人的生命安全,还能够减少因事故带来的损失和延误。

最重要的是,采用该设备施工质量高,混凝土边沟密实度高、光滑美观、抗冲击性强、防渗性好,这些特点使得工程具有更高的耐久性和稳定性。这对于实现平安百年品质工程建设目标至关重要,为道路和基础设施的长期安全使用提供了坚实保障。

(2)钢筋加工场的全数控加工

钢筋加工场的全数控加工是一种利用先进的数控技术和自动化设备对钢筋进行集中、高效、精确加工的生产模式。这种加工方式摒弃了传统的手工或半手工加工方式,通过数控设备和自动化系统的应用,实现了钢筋加工流程的自动化、智能化和精准化,如图 6-21 所示。

图 6-21 钢筋加工场的全数控加工场景画面

数控加工设备是钢筋加工场全数控加工的核心。这些设备通常配备有高精度的传感器、控制系统和刀具系统,能够根据预设的程序自动完成钢筋的切割、弯曲、焊接等加工任务。通过数控编程,可以实现加工过程的精确控制,确保钢筋加工的尺寸精度和质量稳定性。

在全数控加工中,工序的衔接设计应更加科学。通过合理的工艺流程规划和设备布局,使得钢筋从原材料到成品的加工过程能够流畅、高效地进行。各道工序之间的衔接紧密,减少了不必要的等待和转运时间,提高了整体生产效率。

与传统的钢筋加工工艺相比,全数控加工能够减少作业人员数量和加工作业时间。由于自动化设备的引入,大量的人力操作被机器替代,作业人员数量可以减少3/4以上。同时,加工时间可减少2/3以上。这不仅降低了人力成本,还加快了工程项目的进度。

全自动和半自动化设备在全数控加工中发挥着重要作用。这些设备能够在无人干预的情况下自动完成钢筋的加工任务,大大提高了生产效率和加工质量。同时,这些设备还具备自动检测和纠正功能,能够及时发现并处理加工过程中的质量问题,确保加工出来的钢筋符合设计要求。

全数控加工通过自动化、智能化的设备和系统,实现了对钢筋加工过程的全面监控和管理。这种加工方式能够确保钢筋加工的质量和进度得到有力保障。同时,数控设备和自动化系统的应用还提高了加工过程的可控性和可预测性,使得施工单位能够更好地把握工程进度和质量要求。

传统的钢筋加工过程中,工人需要长时间暴露在嘈杂、脏乱的环境中,存在一定的安全风险。而全数控加工通过自动化设备的应用,减少了工人直接参与的部分工序,从而降低了安全事故的发生概率。同时,数控设备和自动化系统的精确性和稳定性也减少了加工过程中的质量问题和返工率,进一步降低了施工作业风险。

(3)预制梁场的移动台座

预制梁场的移动台座是一种创新的施工设备,专门用于预制梁场的生产流程中。这种移动台座设计独特,通过摒弃传统梁场台座占地面积大、周转时间长的缺点,实现了工序之间的高效衔接,大幅度提升了施工效率和质量,如图6-22所示。

a)   b)

图6-22 预制梁场的移动台座

移动台座的关键技术在于其液压模板系统,该系统不仅可以自动调整模板的位置和形状,以适应不同尺寸和形状的梁体生产,还可以节省大量的人工成本。通过精确的液压控制,模板的定位和固定更加准确和快速,从而减小了施工人员的操作难度和劳动强度。

与传统施工工艺相比,使用预制梁场的移动台座可以带来以下显著优势:

①人员成本降低:由于液压模板的自动化程度较高,所需施工人员减少了25%,从而降低了人工成本。

②施工时间缩短:移动台座的设计使得施工工序更加紧凑,施工时间缩短了30%,大大提高了施工效率。

③施工质量和安全提升:通过精确的模板定位和固定,施工质量得到了显著提升,同时减少了施工中的安全风险。

④环保和节能:移动台座的使用减少了施工现场的材料浪费和能源消耗,更加符合绿色环保的施工理念。

⑤适应性增强:移动台座能够适应不同尺寸和形状的梁体生产,提高了预制梁场的灵活性和生产能力。

(4)喷浆机器人

隧道智能混凝土喷浆机器人是一种先进的自动化设备,专门为隧道和其他地下工程中的混凝土喷浆作业设计。这款机器人集成了行走、泵送、搅拌以及智能喷射等多种功能,能够大幅度提高施工效率和质量,同时降低人工喷浆作业带来的劳动强度和风险,如图6-23所示。

图6-23 喷浆机器人

以下是隧道智能混凝土喷浆机器人的主要优点和应用价值:

①高效率施工:机器人能够连续、快速地进行混凝土喷浆作业,显著提高施工速度,缩

短工期。

②保证施工质量:通过精确的喷射控制和先进的喷射技术,机器人可以确保混凝土均匀、密实地覆盖在隧道壁上,提高工程质量。

③降低职业风险:人工喷浆作业存在塌方、粉尘污染等风险,而机器人作业则可以大大降低这些风险,保障操作人员的安全。

④减少人力成本:机器人的使用可以大幅度减少人力需求,降低人工费用,并提高施工效率。

⑤环保节能:与传统施工方法相比,隧道智能混凝土喷浆机器人能够减少材料浪费和能源消耗,符合绿色施工的要求。

随着科技的不断进步和隧道施工要求的提高,隧道智能混凝土喷浆机器人替代传统人工喷浆作业已成为重要发展趋势。它的应用不仅能够提高施工效率和质量,还能够降低职业风险、减少人力成本并促进环保节能。随着技术的不断完善和普及,隧道智能混凝土喷浆机器人在未来的隧道和其他地下工程中将会发挥更加重要的作用。

(5)三维激光摊铺机

三维激光摊铺机是一种集成了高精度三维激光扫描技术和先进控制系统的高科技设备,专门用于桥面铺装的自动化施工。其利用激光扫描技术获取桥面的精确三维数据,并通过智能控制系统指导摊铺机的作业,确保桥面铺装的平整度和精度,如图6-24所示。

图6-24 三维激光摊铺机

三维激光摊铺机的主要优点:

①全自动、智能化操作:三维激光摊铺机可以自动完成桥面的扫描、数据处理和摊铺作业,减少了人工干预和操作难度,大大提高了施工效率和质量。

②高精度、高质量:激光扫描技术能够提供精确的桥面三维数据,确保铺装的平整度

和精度,提高了路面的使用寿命和行车安全性。

③成本降低、效率提升:与传统桥面铺装施工相比,使用三维激光摊铺机可以减少操作人员约30%,成本同比节省约40%,同时施工速度提升近50%,显著提高了施工效率和经济效益。

④安全风险降低:由于实现了自动化和智能化操作,减少了人工操作的风险和误差,显著降低了路面摊铺施工作业的安全风险。

⑤环保节能:三维激光摊铺机采用先进的节能技术和设计,有效减少了能源消耗和环境污染,符合绿色发展的要求。

(6)防水布自动智能台车

防水布自动智能台车是一种专门用于隧道或其他地下工程中防水布施工的设备。该台车的设计考虑了施工的便捷性、质量保障和操作人员的安全,如图6-25所示。

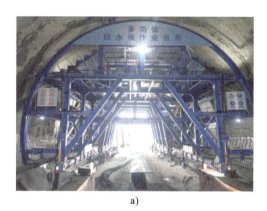
a)

b)

图6-25 防水布自动智能台车

以下是防水布自动智能台车的主要组成部分及其功能:

①门架支撑系统:提供台车的主体结构和稳定性,确保在施工过程中台车的稳固性。

②行走系统:使台车能够沿隧道或其他工作区域移动,方便进行连续的防水布施工。

③操作平台:为操作人员提供一个安全、舒适的工作环境,便于他们控制和监控施工进程。

④挂布小车:专门用于防水布的挂载和铺设,可以精确地定位和铺设防水布,确保施工质量。

⑤液压系统:为台车的各项功能提供动力支持,如行走、升降等动作。

防水布自动智能台车具有如下显著优势:

①操作便捷:通过自动化和智能化设计,使操作人员能够更简单、快速地完成施工

任务。

②质量可靠:由于采用先进的技术和设备,防水布的铺设更加精确、均匀,从而保证了施工质量。

③结构安全:台车的设计考虑了施工中的各种安全因素,如稳定性、承重能力等,确保施工过程中的安全。

与传统的防水布施工方法相比,防水布自动智能台车能够减少20%的施工人员,同时缩短30%的施工时间。这不仅降低了人力成本,还提高了施工效率。此外,台车配备的高空作业安全防护系统确保了施工人员在高空作业时的安全,提高了施工安全的可靠性。

(7)智能二衬台车

智能二衬台车是一种应用于隧道施工中的先进设备,它采用智能化控制系统和遥控操作,能够严格落实"三逐、两振、两孔"的施工工艺要求,从而有效提升混凝土强度和密实度。这种台车的设计旨在解决隧道拱顶混凝土施工中常见的脱空和空洞问题,通过精确控制和优化施工流程,确保了工程质量和安全性,如图6-26所示。

图6-26 智能二衬台车

"三逐、两振、两孔"的施工工艺要求具体指的是在施工过程中,逐步进行混凝土的浇筑、振捣和密实,同时在合适的位置开设通气孔和注浆孔,以促进混凝土的均匀分布和密实。这种工艺要求能够确保混凝土的均匀性和密实性,从而提高隧道的整体强度和耐久性。

与传统施工工艺相比,智能二衬台车具有显著的优势。首先,在人员配置方面,施工作业人员减少了60%,这大大降低了劳动力成本,并提高了施工效率。其次,施工作业时间减少了50%,这意味着工程可以在更短的时间内完成,从而缩短了建设周期,降低了时间成本。此外,由于智能二衬台车采用先进的智能化控制系统和遥控操作,使得施工过程更加精确、高效和安全。

智能二衬台车在平安百年品质工程建设中发挥着重要作用。它不仅能够提高工程质量和安全性,还能够推动工程建设的现代化和智能化水平。通过采用智能二衬台车等先进设备和技术,可以进一步提升工程建设的整体水平和综合效益,促进可持续发展。

6.4 安全管理创新

6.4.1 专业安全顾问

第三方安全服务,是指政府和企业通过购买安全生产技术服务的方式,委托有国家认可资质的单位和专业人员,提供安全专业技术、评估认证、宣传培训等服务,对在建工程项目的安全生产情况进行巡查和评价,并提出有助于提高安全生产管理水平的意见、建议和要求。专业安全顾问对在建工程项目以定期与不定期灵活多样的方式开展"会诊"检查,对发现存在的隐患和问题,形成针对性的"会诊"报告和整改建议,送达政府主管部门和在建工程项目公司,并协助督促整改落实到位。

在工程建设领域,专业安全顾问的角色至关重要。他们负责确保项目的安全性和合规性,以保护人员和财产免受潜在的风险和威胁。他们通过安全巡查,能够进一步推进企业主体责任的落实,解决施工方案相互抄袭、不按照方案施工、现场安全监管不到位、安全投入无保障等突出问题,努力推广安全生产管理的科学化和标准化,控制各类安全生产事故发生概率,确保晋阳高速公路改扩建工程安全生产形势持续稳定向好。

专业安全顾问不仅需要具备专业知识和技能,还需要灵活应对各种复杂环境和挑战。他们必须对法律法规、标准规范和最佳实践有深入了解,并能够将其应用于实际工程项目中。

专业安全顾问的职责包括但不限于以下几个方面:

(1)风险评估:专业安全顾问需要进行综合风险评估,识别潜在的危险因素和隐患,并提出相应的控制措施和建议。他们会对工程项目进行全面分析,考虑各种可能发生的意外情况,并制定相应的预防措施。

(2)安全计划:专业安全顾问负责制定项目的安全计划,包括制定详细的工作程序、培训计划和紧急响应方案。他们会与相关方合作,确保所有人员都理解并遵守安全要求,并能够在紧急情况下迅速撤离。

(3)监督检查:专业安全顾问会进行现场监督检查,确保工程项目按照计划进行,并符合相关的安全标准和法规要求。他们会与项目团队密切合作,及时发现和解决安全问题,并提供必要的培训和指导。

(4)事故调查:在发生事故或意外情况时,专业安全顾问会进行调查,找出事故原因和责任,并提出改进措施,以避免类似事件再次发生。他们会与相关部门和机构合作,确保事故调查的客观公正性和科学性。

因此,在工程建设中通过聘请专业安全顾问可以进一步使项目能够按照预期进行,并最大限度地减少潜在风险带来的影响。安全顾问是工程建设领域不可或缺的专业人士。

6.4.2 政企联动

政企联动是指政府与企业之间通过合作与协调,共同推进经济发展和社会进步的一种合作机制。在公路工程建设领域有一种政企联动合作机制叫作"一路多方"联勤联动机制。这一机制不仅有助于提升公路工程建设的安全性和效率,还能有效预防和减少施工过程中的安全隐患和事故。

(1)机制概述

"一路多方"联勤联动机制在公路工程建设领域,主要指的是由政府部门、建设单位、监理单位、施工单位、设计单位、交通管理部门以及周边社区等多方主体共同参与,通过信息共享、资源互补和协同作战的方式,共同推进公路工程建设项目的顺利进行。

(2)主要参与方及职责

①政府部门:包括交通运输部门、应急管理部门等,负责提供政策指导、资金支持以及监管公路工程建设项目的实施。

②建设单位:对工程建设的全过程进行监督检查,协调各参建单位之间的安全管理工作,确保施工安全管理体系的有效运行。

③监理单位:对施工单位的施工过程进行监督和检查,确保施工质量和安全符合相关标准和要求。

④施工单位:负责公路工程建设项目的具体施工工作,包括施工计划的制定、施工进度的控制以及施工质量的保障。

⑤设计单位:负责公路工程建设项目的设计工作,提供施工图纸和技术指导。

⑥交通管理部门:负责施工期间的交通疏导和安全管理,确保施工期间周边道路的畅通和安全。

⑦周边社区:作为利益相关者,参与公路工程建设项目的决策和实施过程,提供意见

和建议,确保项目符合社区的利益和需求。

(3)实施效果

①安全管理:通过"一路多方"联勤联动机制,各部门可以共同制定和实施安全管理措施,如设置安全警示标志、加强施工现场的安全监控等,从而有效降低施工过程中的安全隐患和事故风险。

②施工进度与质量:通过信息共享和协同作战,各部门可以更加高效地协调施工资源和进度,确保施工质量和进度符合设计要求。例如,施工单位可以及时向监理单位和设计单位反馈施工过程中的问题和困难,以便及时进行调整和优化。

③交通疏导:交通管理部门可以通过与施工单位的紧密合作,制定合理的交通疏导方案,确保施工期间周边道路的畅通和安全。这有助于减少施工对周边交通的影响,提高公众的满意度。

"一路多方"联勤联动机制在公路工程建设领域具有广泛的应用前景和重要的价值。通过深化这一机制的建设和运行,可以进一步提升公路工程建设项目的安全性和效率,预防和减少施工过程中的安全隐患和事故。未来,随着科技的不断进步和部门之间合作的不断深入,"一路多方"联勤联动机制将会发挥更加重要的作用,为公路工程建设领域提供更加高效、安全、可持续的解决方案。

6.4.3 网格化

网格化管理是一种企业管理模式,旨在通过建立网格式组织结构,提高效率和创造价值。在工程建设领域,一般特大型工程项目中都建议推广开展网格化管理,编制网格化管理手册,如图 6-27 所示。这种管理模式可以更清晰地明确安全管理专职人员和其他工程管理人员的职责,并建立层层落实的安全生产管理网络,从而推动安全生产责任的落实,增强全员安全意识,达到防范重大安全事故发生的目的。

(1)网格划分

①一级网格:通常以施工标段为单位,按照里程长度进行划分。每个一级网格都有明确的负责人和管理团队。

②二级网格:即最小网格单元,在一级网格范围内,按照单位工程里程长度并结合施工进度和作业面空间分布进一步细化划分。二级网格的划分原则是实现网格内每日全覆盖巡查,确保安全管理无死角。

(2)网格化管理实施步骤

①网格划分与人员配置:根据公路工程项目的实际情况,合理划分网格并配置网格管

理人员。

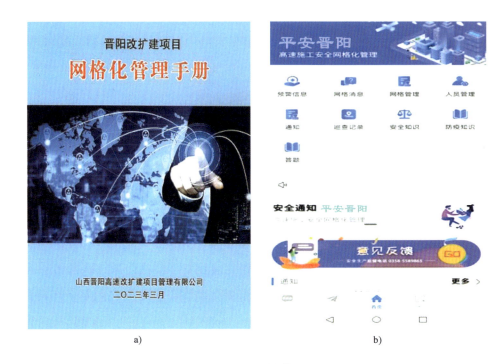

图 6-27 网格化管理

②培训管理:对网格管理人员进行系统培训,包括安全知识、网格化管理流程、应急处置等内容。

③公示管理:在施工现场公示网格划分平面图和网格化安全管理组织机构图,以及每个二级网格单元的安全管理人员信息。

④过程管理:建立网格化管理的工作流程和监督机制,确保网格管理人员能够按照职责要求开展工作。同时,对网格管理人员的变动进行及时报备和更新。

⑤考核管理:建立网格管理人员的考核制度,定期对网格管理人员的工作进行考核和评估。

(3)网格化管理的意义与效果

①提高安全管理水平:网格化管理实现了安全管理的精细化、高效化和全覆盖,提高了公路工程项目的安全管理水平。

②预防安全事故:通过网格化管理,能够及时发现并消除安全隐患,预防安全事故的发生。

③提升工作效率:网格化管理使得安全管理工作更加有序和高效,提高了工作效率。

④增强安全意识:网格化管理强调全员参与和全过程管理,增强了参建人员的安全

意识。

综上所述,网格化管理是一种有效的安全管理模式,它能够实现安全管理的精细化、高效化和全覆盖,提高工程项目的安全管理水平和工作效率。

6.4.4 安全体验馆

安全体验馆是通过模拟现场施工环境,针对容易出现安全问题的地方进行现实演示,体验人员通过自身参与,了解安全问题的重要性。这种亲身参与的方式使得安全防护培训更加有针对性,避免了传统的"纸上谈兵"和单纯的说教。施工人员可以通过参与其中,深刻认识到安全问题的重要性。

安全体验馆可分为实物安全体验馆和 VR 安全体验馆,如图 6-28 所示。体验项目一般包括:平衡木、安全帽冲撞体验、安全带体验、洞口坠落体验、综合用电体验、搬重物体验、灭火器体验、爬梯体验、滑移平台体验、应急急救培训体验及劳保用品展示体验等多个体验项目,覆盖了施工现场常见的大部分安全隐患,模拟现场施工场景。

图 6-28 安全体验馆

通过亲身体验各种安全防护用品的使用及出现危险瞬间的感受,增强施工人员在施工现场时的切身感受,让安全理念深入人心,从而有效加强施工人员的安全意识。

6.4.5 安全隐患随手拍

通过开展"安全隐患随手拍"的活动鼓励员工广泛监督、积极参与安全隐患排查,建立员工隐患排查奖励机制,营造安全管理"全员参与"的良好氛围,切实消除各类安全隐患和非法违法行为。

活动的范围:各领域生产经营活动中存在的生产安全隐患;各项作业活动中发现的

"违章指挥、违章作业、违反劳动纪律"行为;各类违反安全生产法律法规的行为。

活动的方式:通过"隐患随手拍"微信小程序,对发现的生产安全隐患进行描述和拍照,上传至"安全应急智慧管理系统",如图6-29所示。

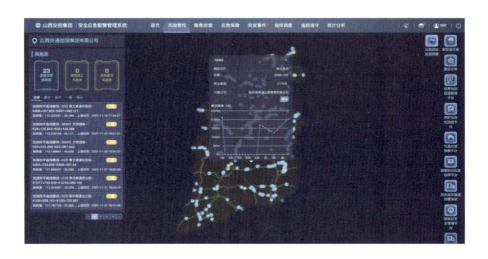

图6-29　安全应急智慧管理系统

活动的目的:增强员工发现问题和解决问题的意愿和能力水平,有效防范和减少一般事故、遏制较大事故,着力从根本上消除事故隐患、坚决守牢安全发展底线,推动安全生产治理模式向事前预防转型,以高水平安全保障高质量发展,确保安全生产形势持续稳定。

附录1 公路工程施工安全相关的法律法规

类型	序号	名称	发布(颁布)机构	最新公布日期	施行日期
法律	1	中华人民共和国安全生产法	第十三届全国人民代表大会常务委员会	2021年6月10日	2021年9月1日
	2	中华人民共和国建筑法	第十三届全国人民代表大会常务委员会	2019年4月23日	2019年4月23日
	3	中华人民共和国公路法	第十二届全国人民代表大会常务委员会	2017年11月4日	2017年11月5日
	4	中华人民共和国突发事件应对法	第十届全国人民代表大会常务委员会	2007年8月30日	2007年11月1日
	5	中华人民共和国特种设备安全法	第十二届全国人民代表大会常务委员会	2013年6月29日	2014年1月1日
	6	中华人民共和国消防法	第十三届全国人民代表大会常务委员会	2021年4月29日	2021年4月29日
	7	中华人民共和国职业病防治法	第十三届全国人民代表大会常务委员会	2018年12月29日	2018年12月29日
行政法规	1	建设工程质量管理条例	中华人民共和国国务院	2019年4月23日	2019年4月23日
	2	国务院关于特大安全事故行政责任追究的规定	中华人民共和国国务院	2001年4月21日	2001年4月21日
	3	生产安全事故报告和调查处理条例	中华人民共和国国务院	2007年4月9日	2007年6月1日
	4	特种设备安全监察条例	中华人民共和国国务院	2009年1月24日	2009年5月1日
	5	建设工程安全生产管理条例	中华人民共和国国务院	2003年11月24日	2004年2月1日
	6	危险化学品安全管理条例	中华人民共和国国务院	2013年12月7日	2013年12月7日
	7	建设工程勘察设计管理条例	中华人民共和国国务院	2017年10月7日	2017年10月7日
	8	生产安全事故应急条例	中华人民共和国国务院	2019年2月17日	2019年4月1日
	9	突发公共卫生事件应急条例	中华人民共和国国务院	2011年1月8日	2011年1月8日

附录2 公路工程施工安全相关的技术标准与规范

序号	名称	现行标准号
1	施工企业安全生产管理规范	GB 50656—2011
2	建设工程施工现场消防安全技术规范	GB 50720—2011
3	企业安全生产标准化基本规范	GB/T 33000—2016
4	建筑施工安全检查标准	JGJ 59—2011
5	建筑施工高处作业安全技术规范	JGJ 80—2016
6	建筑施工碗扣式钢管脚手架安全技术规范	JGJ 166—2016
7	建筑施工扣件式钢管脚手架安全技术规范	JGJ 130—2011
8	建筑施工承插型盘扣式钢管脚手架安全技术标准	JGJ/T 231—2021
9	钢管脚手架扣件	GB/T 15831—2023
10	组合钢模板技术规范	GB/T 50214—2013
11	建筑施工工具式脚手架安全技术规范	JGJ 202—2010
12	建筑施工模板安全技术规范	JGJ 162—2008
13	建筑工程大模板技术标准	JGJ/T 74—2017
14	建筑施工起重吊装工程安全技术规范	JGJ 276—2012
15	起重机械安全规程 第1部分:总则	GB 6067.1—2010
16	建筑施工升降机安装、使用、拆卸安全技术规程	JGJ 215—2010
17	施工升降机安全使用规程	GB/T 34023—2017
18	塔式起重机安全规程	GB 5144—2006
19	龙门架及井架物料提升机安全技术规范	JGJ 88—2010
20	建筑起重机械安全评估技术规程	JGJ/T 189—2009
21	建筑机械使用安全技术规程	JGJ 33—2012
22	施工现场临时用电安全技术规范	JGJ 46—2005
23	建设工程施工现场供用电安全规范	GB 50194—2014
24	爆破安全规程	GB 6722—2014
25	建筑拆除工程安全技术规范	JGJ 147—2016
26	建筑基坑工程技术规程	DB33/T 1096—2014
27	建筑施工土石方工程安全技术规范	JGJ 180—2009
28	建筑工程施工组织设计管理规程	DB11/T 363—2016
29	施工现场临时建筑物技术规范	JGJ/T 188—2009
30	施工企业安全生产评价标准	JGJ/T 77—2010
31	建筑施工作业劳动防护用品配备及使用标准	JGJ 184—2009
32	头部防护 安全帽	GB 2811—2019

续上表

序号	名称		现行标准号
33	安全网		GB 5725—2009
34	坠落防护 安全带		GB 6095—2021
35	企业安全文化建设导则		AQ/T 9004—2008
36	建筑施工安全技术统一规范		GB 50870—2013
37	建筑工程施工现场标志设置技术规程		JGJ 348—2014
38	涂装作业安全规程 安全管理通则		GB 7691—2003
39	公路路基施工技术规范		JTG/T 3610—2019
40	公路工程施工安全技术规范		JTG F90—2015
41	环境空气质量标准		GB 3095—2012
42	公路桥涵施工技术规范		JTG/T 3650—2020
43	公路路面基层施工技术细则		JTG/T F20—2015
44	架桥机安全规程		GB 26469—2011
45	危险化学品企业特殊作业安全规范		GB 30871—2022
46	有限空间作业安全技术规范		DB11/T 852—2019
47	公路养护安全作业规程		JTG H30—2015
48	公路工程施工安全检查评价规程		DB14/T 666—2016
49	公路交通安全设施施工技术规范		JTG/T 3671—2021
50	公路工程技术标准		JTG B01—2014
51	公路路基设计规范		JTG D30—2015
52	公路养护技术标准		JTG 5110—2023
53	公路工程施工危险源辨识指南		DB14/T 1023—2014
54	建筑物防雷设计规范		GB 50057—2010
55	公路隧道施工技术规范		JTG/T 3660—2020
56	道路交通标志和标线	第1部分:总则	GB 5768.1—2009
		第2部分:道路交通标志	GB 5768.2—2022
		第3部分:道路交通标线	GB 5768.3—2009
		第4部分:作业区	GB 5768.4—2017
		第5部分:限制速度	GB 5768.5—2017
		第6部分:铁路道口	GB 5768.6—2017
		第7部分:非机动车和行人	GB 5768.7—2018
		第8部分:学校区域	GB 5768.8—2018
57	公路养护作业安全设施设置规范		DB11/T 3023—2019(北京)
			DB12/T 3023—2019(天津)
			DB13/T 3023—2019(河北)

附录3 危险性较大的工程清单表

名称	等级	
	需编制专项施工方案	需专家论证、审查
（一）基坑开挖、支护、降水工程	(1)开挖深度不小于3m的基坑(槽)开挖、支护、降水工程。 (2)深度小于3m但地质条件和周边环境复杂的基坑(槽)开挖、支护、降水工程。	(1)深度不小于5m的基坑(槽)的土(石)方开挖、支护、降水。 (2)开挖深度虽小于5m，但地质条件、周围环境和地下管线复杂，或影响毗邻建(构)筑物安全，或存在有毒有害气体分布的基坑(槽)的土方开挖、支护、降水工程
（二）滑坡处理和填、挖方路基工程	(1)滑坡处理。 (2)边坡高度大于20m的路堤或地面斜坡坡率陡于1:2.5的路堤，或不良地质地段、特殊岩土地段的路堤。 (3)土质挖方边坡高度大于20m、岩质挖方边坡高度大于30m，或不良地质、特殊岩土地段的挖方边坡	(1)中型及以上滑坡体处理。 (2)边坡高度大于20m的路堤或地面斜坡坡率陡于1:2.5的路堤，且处于不良地质地段、特殊岩土地段的路堤。 (3)土质挖方边坡高度大于20m、岩质挖方边坡高度大于30m且处于不良地质、特殊岩土地段的挖方边坡
（三）基础工程	(1)桩基础。 (2)挡土墙基础。 (3)沉井等深水基础	(1)深度不小于15m的人工挖孔桩，或开挖深度不超过15m，但地质条件复杂或存在有毒有害气体分布的人工挖孔桩工程。 (2)平均高度不小于6m且面积不小于1200m²的砌体挡土墙的基础。 (3)水深不小于20m的各类深水基础
（四）大型临时工程	(1)围堰工程。 (2)各类工具式模板工程。 (3)支架高度不小于5m，跨度不小于10m，施工总荷载不小于10kN/m²；集中线荷载不小于15kN/m。 (4)搭设高度在24m及以上的落地式钢管脚手架工程；附着式整体和分片提升脚手架工程；悬挑式脚手架工程；吊篮脚手架工程；自制卸料平台、移动操作平台工程；新型及异型脚手架工程。 (5)挂篮。 (6)便桥、临时码头。 (7)水上作业平台	(1)水深不小于10m的围堰工程。 (2)高度不小于40m墩柱，高度不小于100m索塔的滑模、爬模、翻模工程。 (3)支架高度不小于8m，跨度不小于18m，施工总荷载不小于15kN/m²；集中线荷载不小于20kN/m。 (4)50m及以上落地式钢管脚手架工程。用于钢结构安装等满堂承重支撑体系，承受单点集中荷载在7kN以上。 (5)猫道、移动模架

续上表

名称	等级	
	需编制专项施工方案	需专家论证、审查
（五）桥涵工程	(1)桥梁工程中的梁、拱、柱等构件施工。 (2)打桩船作业。 (3)施工船作业。 (4)边通航边施工作业。 (5)水下工程中的水下焊接、混凝土浇筑等。 (6)顶进工程。 (7)上跨或下穿既有公路、铁路、管线施工	(1)长度不小于40m的预制梁的运输与安装，钢箱梁吊装。 (2)跨度不小于150m的钢管拱安装施工。 (3)高度不小于40m的墩柱、高度不小于100m的索塔等的施工。 (4)离岸无掩护条件下的桩基施工。 (5)开敞式水域大型预制构件的运输与吊装作业。 (6)在三级及以上通航等级的航道上进行的水上水下施工。 (7)转体施工
（六）隧道工程	(1)不良地质隧道。 (2)特殊地质隧道。 (3)浅埋、偏压及邻近建筑物等特殊环境条件隧道。 (4)Ⅳ级及以上软弱围岩地段的大跨度隧道。 (5)小净距隧道。 (6)瓦斯隧道	(1)隧道穿越岩溶发育区、高风险断层、沙层、采空区等工程地质或水文地质条件复杂地质环境；Ⅴ级围岩连续长度占总隧道长度10%以上且连续长度超过100m；Ⅵ级围岩的隧道工程。 (2)软岩地区的高地应力区、膨胀岩、黄土、冻土等地段。 (3)埋深小于1倍跨度的浅埋地段；可能产生坍塌或滑坡的偏压地段；隧道上部存在需要保护的建筑物地段；隧道下穿水库或河沟地段。 (4)Ⅳ级及以上软弱围岩地段跨度不小于18m的特大跨度隧道。 (5)连拱隧道；中夹岩柱小于1倍隧道开挖跨度的小净距隧道；长度大于100m的偏压棚洞。 (6)高瓦斯或瓦斯突出隧道。 (7)水下隧道
（七）起重吊装工程	(1)采用非常规起重设备、方法，且单件起吊重量在10kN及以上的起重吊装工程。 (2)采用起重机械进行安装的工程。 (3)起重机械设备自身的安装、拆卸	(1)采用非常规起重设备、方法，且单件起吊重量在100kN及以上的起重吊装工程。 (2)起吊重量在300kN及以上的起重设备安装、拆卸工程
（八）拆除、爆破工程	(1)桥梁、隧道拆除工程。 (2)爆破工程	(1)大桥及以上桥梁拆除工程。 (2)一级及以上公路隧道拆除工程。 (3)C级及以上爆破工程、水下爆破工程

参 考 文 献

[1] 徐强.高速公路改扩建工程技术与实践[M].北京:人民交通出版社,2010.

[2] 尚海波,郭涛,杨磊,等.黄土地区高速公路施工安全管理[M].北京:人民交通出版社股份有限公司,2022.

[3] 林同立.高速公路改扩建工程交通组织设计与管理[M].北京:人民交通出版社股份有限公司,2019.

[4] 交通运输部工程质量监督局.公路水运工程施工安全标准化指南[M].北京:人民交通出版社,2013.

[5] 交通运输部安全与质量监督管理司."两区三厂"建设安全标准化指南[M].北京:人民交通出版社股份有限公司,2021.

[6] 张艳红,张振旺.公路工程施工安全技术[M].北京:中国建材工业出版社,2014.

[7] 中华人民共和国交通运输部.公路工程施工安全技术规范:JTG F90—2015[S].北京:人民交通出版社股份有限公司,2015.

[8] 中华人民共和国交通运输部.公路养护安全作业规程:JTG H30—2015[S].北京:人民交通出版社股份有限公司,2015.

[9] 中华人民共和国交通运输部.公路养护技术标准:JTG 5110—2023[S].北京:人民交通出版社股份有限公司,2015.

[10] 汤春霞.国外高速公路现状和发展趋势[J].国外公路,1999(4):7-8.

[11] 李效萌,郭亚丹,李文娟.国内外高速公路改扩建工程现状综述[J].建筑工程技术与设计,2016(35):2.

[12] 葛婷.高速公路改扩建施工期间交通组织方案研究[D].广州:华南理工大学,2012.

[13] 程鹏飞.高速公路养护作业交通安全管理研究[D].北京:清华大学,2017.

[14] 韩宝睿.高速公路改扩建工程方案研究的关键技术分析[D].南京:东南大学,2005.

[15] 王宝蓉.高速公路改扩建期间交通安全影响分析及对策[D].西安:长安大学,2012.

[16] 崔志勇.高速公路改扩建工程中交通安全设施设置问题[J].交通世界(运输.车辆),2012(5):112-114.

[17] 刘大鹏.高速公路线形诱导标志设置研究[D].昆明:昆明理工大学,2006.

[18] 中华人民共和国交通运输部.高速公路改扩建交通工程及沿线设施设计细则:JTG/T

L80—2014[S].北京:人民交通出版社股份有限公司,2015.

[19] 中华人民共和国交通运输部.公路交通安全设施设计规范:JTG D81—2017[S].北京:人民交通出版社股份有限公司,2017.

[20] 中华人民共和国交通运输部.公路交通安全设施施工技术规范:JTG/T 3671—2021[S].北京:人民交通出版社股份有限公司,2021.

[21] 沈其明,刘燕,李红镝,等.公路施工安全管理手册[M].北京:人民交通出版社,2008.

[22] 中华人民共和国交通运输部.公路路基施工技术规范:JTG/T 3610—2019[S].北京:人民交通出版社股份有限公司,2019.

[23] 中华人民共和国交通运输部.公路路面基层施工技术细则:JTG/T F20—2015[S].北京:人民交通出版社股份有限公司,2015.

[24] 中华人民共和国交通运输部.公路桥涵施工技术规范:JTG/T 3650—2020[S].北京:人民交通出版社股份有限公司,2020.

[25] 中华人民共和国交通运输部.公路隧道施工技术规范:JTG/T 3660—2020[S].北京:人民交通出版社股份有限公司,2020.

[26] 交通运输部公路局.高速公路施工标准化技术指南[M].北京:人民交通出版社,2012.